Michael Hüther

# Die disziplinierte Freiheit

MICHAEL HÜTHER

# Die disziplinierte Freiheit

## Eine neue Balance von Markt und Staat

MURMANN

Dieses Buch wurde klimaneutral produziert.

Print $CO_2$ kompensiert
Ident-Nr. 118744

FSC www.fsc.org
MIX
Papier aus verantwortungsvollen Quellen
FSC® C011100

Bibliografische Information der Deutschen Nationalbibliothek

Die Deutsche Nationalbibliothek verzeichnet diese Publikation in der Deutschen Nationalbibliografie; detaillierte bibliografische Daten sind im Internet über http://dnb.d-nb.de abrufbar.

ISBN 978-3-86774-130-9



Lektorat: Christina Seitz, Düsseldorf
Umschlaggestaltung: Rothfos & Gabler, Hamburg
Herstellung: Das Herstellungsbüro, Hamburg
Gesetzt aus der Minion und der TheSans
Druck und Bindung: Freiburger Graphische Betriebe, Freiburg
Printed in Germany

**Besuchen Sie uns im Internet: www.murmann-verlag.de**

Ihre Meinung zu diesem Buch interessiert uns!
Zuschriften bitte an **info@murmann-verlag.de**.

Den Newsletter des Murmann Verlages können Sie anfordern unter **newsletter@murmann-verlag.de**.

# Inhalt

## VON SPIEL ZU SPIEL

»Der Mensch ist da Mensch, wo er spielt«,
das trifft's, Herr Schiller. Gut gezielt!

Vom Vorspiel einmal abgesehen –
ein Spiel wird erst durch Regeln schön.

Die – nur ein Beispiel – untersagen,
sich mit, statt auf dem Brett zu schlagen.

Und die beim Fußball darauf zielen,
den Ball nur mit dem Fuß zu spielen.

Denn Hand- wie Foulspiel öffnen Türen,
die statt ins End- zum Nachspiel führen.

Doch stets gilt, dass der Weg das Ziel ist,
weil nach dem Spiel schon vor dem Spiel ist.

**Robert Gernhardt, 2006**

# 1. »... ein Spiel wird erst durch Regeln schön«

»Sie sind Ökonom? Das müssen doch angesichts der vielen Krisen tolle Zeiten für Sie sein! Es mangelt überall an Orientierung und Beratung.« So oder ähnlich waren die Reaktionen, die ich in letzter Zeit erfuhr, wenn ich meine Profession offenbarte. Und zweifellos: Wir Ökonomen sind gefragt. Ein bisschen können wir den Krisendoktor geben, manchmal reicht auch die beruhigend nüchterne Kommentierung, die Einsortierung des gerade Erlebten in den weiten Horizont ökonomischer Logik. Die Tatsache, dass die in Ausmaß und Verlauf nicht vorhersehbare Krise dennoch in Grenzen erklärbar ist, bindet das Erlebte in die Erfahrungswelt ein und beruhigt allein dadurch. Sind wir Ökonomen also Krisengewinnler? Zugespitzt gefragt: Erlangen wir Bedeutung für Politik und Gesellschaft nur, wenn gar nichts anderes mehr hilft? Gewinnen wir Oberwasser, wenn sich am Ende doch das ökonomische Gesetz über kollektive, in jedem Fall marktferne Macht und Intervention erhebt? Sind überhaupt Krisen die großen Herausforderungen? Und wenn ja, sollten wir uns darüber freuen?

Dieser Reigen von Fragen lässt eine Einschätzung erkennen, die sich bei mir zunächst als latentes Gefühl einstellte, aber sich mit immer häufigerer Konfrontation durch das scheinbar Offensichtliche zunehmend stärker und sicherer ausprägte: Die Einschätzung, dass gar nicht die Krise der Ernstfall und die wirklich große Herausforderung – für Politik, Gesellschaft und Ökonomen – darstellt, sondern die Normalität. Dies dürfte angesichts der wirtschaftlichen Entwicklung in den vergangenen Jahren viele überraschen, die mit Interesse, mit Erstaunen, oft mit Verzweiflung die globale Wirtschaftskrise erlebten oder gar erlitten.

Um nicht missverstanden zu werden: Die gerade durchlebten Krisenzeiten waren schwierig, keine Frage. Es waren Zeiten, in denen uns die Kraft zu einer auf Erfahrung gegründeten Erwartungsbildung vollends zu schwinden schien. Eine tiefgehende Funktionsstörung unseres marktwirtschaftlichen Systems war plötzlich vorstellbar, spontane und systemische Unordnung wurde zum Zeichen der Zeit. Die Gefahr einer großen Depression als einer anhaltenden wirtschaftlichen Schrumpfung mit all ihren sozialen Folgen, wie sie vor allem die Vereinigten Staaten und Deutschland in den 1930er Jahren erlebt hatten, war nicht von der Hand zu weisen. Es drohte der Notstand als Gefährdung unseres öffentlichen Lebens.

Im Notstand muss sich die wirkliche Handlungsfähigkeit des modernen Staates erweisen. Er wird vor eine Aufgabe gestellt, die wir in der Normalität nicht von ihm erwarten: der Staat als Versicherung gegen jene Risiken, gegen die kein Kollektiv, erst recht kein Einzelner sich versichern kann. Gemeint sind Bedrohungen durch Krieg, Terror, Naturkatastrophen, Epidemien und eben auch globale Finanz- und Wirtschaftskrisen – Krisen, die als spontane Unordnung und systemische Panik weit über konjunkturelle Schwankungen und Anpassungsschübe im Strukturwandel hinausgehen. Für solchen Notstand lassen sich, weil er nach Zeitpunkt und Dimension im Vorhinein nicht zu taxieren ist, kaum Masterpläne verfügbar halten. Kommt es zum Ernstfall, so muss auf Sicht gehandelt werden, und das in einem engen Korsett aus unüberwindbaren Sachzwängen bei hohem zeitlichen Druck. Klar müssen nur die Verantwortlichkeiten sein. Das war der Fall.

Für die Wirtschaftspolitik war die Krise selbst indes überschaubar und ungewöhnlich konfliktarm, als es darum ging, das Angemessene zu tun. Die Konzeption der Finanzmarktrettungspakete im Oktober 2008 fand ebenso wie die Aufstellung der Konjunkturprogramme im ersten Quartal 2009 unter untypischen Bedingungen statt, wenn man die Rituale der Meinungsbildung und der

Entscheidungsfindung im demokratischen Gruppenstaat bedenkt. Die Anzahl der Handlungsalternativen war gering, der ideologische Streit fiel weitgehend aus, die zügige Entscheidung wurde vom Parlament mit breiter Mehrheit getragen. Nach überwiegender Ansicht der Fachökonomen fand das wirtschaftspolitische Handeln in der Krise sachlich und zeitlich angemessen dimensioniert statt. Zudem wurde global im Gleichklang entschieden und gehandelt.

Dennoch bestand lange ein hohes Maß an Unsicherheit über die Qualität der Krisenbewältigung. Der tiefe Absturz im Herbst 2008 konnte zwar bereits zum Ende des ersten Quartals 2009 gestoppt werden, doch die privaten Akteure – vor allem die Investoren – waren zunächst unschlüssig, ob und wie weit der Erholungsprozess tragen würde. Damit verbunden gab es sogar öffentliche Diskussionen darüber, ob Deutschland mit seiner industriebasierten und exportorientierten Wirtschaft künftig erfolgreich sein kann. Dazu kam noch eine der Bundestagswahl geschuldete politische Handlungsunfähigkeit, die auch nach dem Wahltermin im Herbst 2009 nicht von einer strategisch getragenen Wirtschafts- und Finanzpolitik abgelöst wurde.

Als sich die Konjunkturerholung mehr und mehr stabilisierte und an Breite gewann, traten im Frühjahr 2010 existenzielle Zweifel an der Europäischen Währungsunion in den Vordergrund. Aus Sicht der Kapitalmärkte, die eben noch die fiskalische Stützung der Konjunktur eskomptierten, wurde mit der Neueinschätzung Griechenlands an den Anleihemärkten die allgemeine Sorge um die Staatsfinanzen dominant. Wieder kamen neue Fragen und Verunsicherungen auf: Kann die begonnene Konjunkturerholung dem standhalten? Ist der Aufschwung bereits an seinem Ende angekommen? Müssen wir uns auf einen erneuten Einbruch einstellen? Wie wird bei einer solchen Entwicklung die Handlungsfähigkeit der krisenbedingt hoch verschuldeten Staaten zu sichern sein?

Trotz der berechtigten Fragen und all der anhaltenden Unsicherheiten gilt: Die direkte Bekämpfung der Finanz- und Wirtschaftskrise war eine große Leistung. Nach allem, was wir heute mit zeitlichem Abstand erkennen können, hat die Politik seinerzeit tatsächlich die richtigen Antworten gegeben. Nur so war es möglich, das nach der Insolvenz der Investmentbank Lehman implosionsartig verschwundene Vertrauen der Marktakteure wiederherzustellen. Die grundlegenden Zweifel an der Koordinationsleistung von Märkten jedweder Art konnten relativiert und am Ende neutralisiert werden. Dadurch und durch die eindrucksvolle Entwicklung am Arbeitsmarkt erklärt es sich, dass in der Bevölkerung die Zustimmung zur marktwirtschaftlichen Ordnung infolge der Krise nicht weiter erodierte. Dennoch sind die vergleichsweise geringen Zustimmungswerte bedenklich. Die Zweifel an der freiheitlichen Ordnung sind hartnäckig, auf solchem Humus gedeihen »Traktate der schlechten Laune« (*Der Spiegel,* 48/2010, S. 160), die den Abgesang auf unser Wirtschafts- und Gesellschaftssystem anstimmen und die Marktökonomen als Akteure der Vergangenheit brandmarken.

Erstaunlicherweise fanden sich während der Kriseneskalation im Herbst 2008 nur wenige Stimmen aus der ökonomischen Zunft, die sich gegen die Handlungsweise der Politik wandten. Angesichts der in den vergangenen zwei Jahrzehnten gestiegenen Disparität des ökonomischen Diskurses war das nicht zu erwarten. Tatsächlich war jenseits von Detailfragen der Umsetzung wenig Raum für theoretisierenden Disput bei den Ökonomen und ebenso für ideologischen Streit bei den Politikern. Der unabweisbare Handlungsdruck komprimierte den Raum der Handlungsmöglichkeiten gewaltig, wodurch sich die Zeitperspektive der handelnden Politiker und der betroffenen Wähler weitgehend annäherte und zudem ein hohes Maß an Zeitkonsistenz bedeutsam wurde.

Das macht deutlich, in welchen Zeiten der eigentliche Test auf Reife und Robustheit einer sachorientierten Wirtschaftspolitik ansteht: in Zeiten der Normalität, wenn die gefühlte Kompression des Handlungsspielraums gering ist. Jetzt erst wird sich erweisen, ob das Handeln in der Krise durch angemessene Ausstiegspfade seine positive Bewertung wirklich rechtfertigt oder ob der Preis der Krisenbekämpfung unvermeidbar in der Verursachung der nächsten Krise besteht. Politisches Handeln kommt dann in die Zwickmühle, langfristig Notwendiges gegen die Kurzfristigkeit des medial inszenierten öffentlichen Diskurses durchzusetzen. Die »systematische Minderschätzung künftiger Bedürfnisse« (von Böhm-Bawerk 1889) dominiert tatsächlich Einstellungen und Erwartungen weiter Bevölkerungskreise. In hohem Maß divergieren nach der Krise die Zeitperspektiven der politischen Notwendigkeit und der gesellschaftlichen Akzeptanz (Zeitinkonsistenz). Solchen Konfliktlagen durch Verschleierung zu entkommen ist eine gewöhnliche Reaktion der politischen Klasse. Die Versuchung, über die Untiefen der sachlichen Zusammenhänge elegant hinwegzugleiten, getarnt mit der Attitüde des Wohlmeinenden, ist besonders groß.

Die bedeutsamen Fehler werden grundsätzlich nicht in der Krise gemacht, sondern natürlich vor der Krise, also dann, wenn es einem gut geht. Unachtsamkeit, Nachlässigkeit, Überschätzung der eigenen Risikotragfähigkeit sind typische Verhaltensmuster, die keineswegs nur für die Politik gelten, sondern genauso für die Menschen in ihrer Privatheit. Während dort aber die individuelle Verantwortung und Haftung Übermut und Fehlmut disziplinieren, gelingt dies auf der politischen Ebene nicht so leicht. So führt die Dominanz von Verteilungsthemen, die einer rationalen Debatte schon im Grundsatz nur schwer zugänglich sind, in besseren Zeiten leicht zu einem Nachlassen fiskalischer Disziplin mit gravierenden Folgen.

Sehr gut war dies zu Zeiten der großen Koalition zu erkennen, die nach anfänglicher Strenge in den Jahren 2007 und 2008 fiskalisch nachlässig wurde und die überplanmäßigen Steuereinnahmen nicht mehr zur Senkung der Nettokreditaufnahme, sondern zur Erhöhung der Ausgaben nutzte. Und noch besser ist dies am Handeln der schwarz-gelben Koalition zu greifen, die dem direkten

Druck der eskalierenden Wirtschaftskrise nicht mehr ausgesetzt ist. Für nur wenige Themen ist es dieser Regierung gelungen, eine Antwort zu finden, die ihre Überzeugungskraft aus ökonomischer Logik und damit aus der Perspektive nachhaltiger Lösung bezieht. Die Konsolidierungspläne folgen zwar ökonomischer Mindestanforderung, auf direkte Steuererhöhungen zu verzichten und die investiven Ausgaben des Staates zu schonen, sie versagen aber vor der Notwendigkeit, die öffentlichen Aufgaben einer grundlegenden Revision zu unterziehen. Raum für Steuersenkungen, wie er im Wahlkampf versprochen wurde, entsteht so nicht, und eine Glaubwürdigkeitslücke bleibt.

Es fehlt in dieser Regierung wie insgesamt in der politischen Klasse eine sachliche Sicht darauf, was dauerhafte Staatsaufgaben – also jenseits solcher Krisen, die das Potenzial ökonomischer und gesellschaftlicher Destabilisierung haben – eigentlich sind. Die Erfüllung der Staatsaufgaben ist besonders durch Routine, Beständigkeit und Erfahrung geprägt, so dass ein nachhaltig sachorientierter Kurs im demokratischen Gruppenstaat offensichtlich nicht so leicht zu realisieren ist. Hier ist Stehvermögen gefordert, um den Ansprüchen widerstreitender Interessen und Ideologien entkommen zu können. Was demokratischer Wille bei der Gestaltung öffentlicher Leistungen einmal für richtig befunden hat, das könne – so die zugrunde liegende Einstellung vieler politischer Akteure – doch nicht zum Gegenstand grundlegender Reformen werden und als Sparpotenzial dienen.

Die Last der Vergangenheit wiegt dabei besonders schwer. Denn bei näherer Betrachtung fällt auf, dass die besonderen Probleme, mit denen der Leistungsstaat heute zu kämpfen hat, in der Reformphase Ende der 1960er und zu Beginn der 1970er Jahre ihre tieferen Ursachen finden.

- Die Bildungsexpansion ist dabei ebenso zu nennen wie der forcierte Ausbau des Sozialstaats. Große Ziele verbanden sich jeweils mit gepflegter Blindheit gegenüber den Anforderungen einer gleichermaßen wirkungsvollen wie effizienten Staatstätigkeit.

- Mit dem Stabilitäts- und Wachstumsgesetz von 1967 wurde die fiskalische Konjunktursteuerung entgegen der Intention ihrer Erfinder zum beständigen Repertoire der Wirtschaftspolitik mit der Folge permanenter Nettokreditaufnahme.

- Die Finanzreform von 1969 trimmte den Föderalismus über großen Steuerverbund und Mischfinanzierungen vollständig auf Kooperation. Weder für Zahlerländer noch für Empfängerländer im Finanzausgleich war es seitdem attraktiv, für eine durch Wirtschaftskraft unterlegte Dynamik der Steuereinnahmen im eigenen Land zu sorgen, was zudem den Bund über Gebühr in die Pflicht nahm.

Der nachhaltige Beitrag dieser Reformen zur Zerrüttung der Staatsfinanzen resultiert aus ihrer Wirkungsverflechtung. Hohe Ineffektivität und faktische Verantwortungslosigkeit stärkten sich gegenseitig, ohne dass dies zu der notwendigen gesamtstaatlichen Erneuerung geführt hätte. Möglich war nur das Intervenieren in Teilsystemen.

Der marktwirtschaftliche Diskurs kann solche Verkrustungen nicht akzeptieren. Der stete Wandel unserer Vorlieben und Wünsche spricht ebenso dagegen wie die fortlaufende Veränderung der Produktionsweisen. Ein systematischer Blick auf die Aufgaben des Staates ist deshalb unvermeidbar: Dazu zählen wir in einer marktwirtschaftlichen, keineswegs selbstverständlichen sowie unumstrittenen Perspektive einerseits die Definition von Regeln sowie deren Sanktionierung, andererseits die Bereitstellung öffentlicher Leistungen für Bildung, Infrastruktur und Existenzsicherung.

Die politische und gesellschaftliche Herausforderung liegt darin, gerade in normalen, in besseren Zeiten die existenzielle Krise als potenzielle Bedrohung nicht aus dem Blick zu verlieren. Krisenprophylaxe betrifft dabei sowohl den Bereich staatlicher Leistungen wie die Regulierungsaufgabe. Die öffentlichen Ausgaben in der Normalität eng an die ordnungspolitische Legitimation zu binden, dies sichert dem Staat zugleich die fiskalische Handlungsfähigkeit in Zeiten spontaner Unordnung und systemischer Panik. Die Regelwerke müssen insbesondere der Tatsache Rechnung tragen, dass der technik- und marktgetriebene Fortschritt sich schneller vollzieht als die Innovationen, die im politischen System durch neue Regeln oder neue Institutionen gefunden werden können.

In der globalen Finanzmarktkrise ist dies umso mehr deutlich geworden. Finanzinnovationen wie Verbriefungen hatten das Potenzial, das für die freiheitliche Ordnung unverzichtbare Prinzip der Haftung außer Kraft zu setzen, und sie entfalteten diese Wirkung in einem globalen Marktumfeld, das sich notwendiger Aufsicht leicht entwindet. Die Suche nach angemessenen Antworten der Regulatoren und der Aufseher wird immer nur zu vorläufig befriedigenden Ergebnissen führen, weil der »Wettbewerb als Entdeckungsverfahren« (F. A. von Hayek) unvermeidbar ergebnisoffen ist. Wir können eben keine spezifischen Regeln für Unbekanntes und Ungedachtes formulieren. Nur der vollständige Stillstand würde uns vor Überraschungen – bösen wie guten – bewahren, aber zugleich wäre mit ihm zwingend der Abschied von der Freiheit verbunden. Denn wenn alles so bleiben muss, wie es gerade ist, dann muss jeglicher Wille zur Differenzierung und Veränderung, jede Neigung zu anderem und Neuem unterdrückt werden. Ob das wohl jene Publizisten bedenken, die den Abschied vom Wachstum propagieren?

Dieses Buch beruht auf der Überzeugung, dass sich individuelle Freiheit und Verantwortung gegenseitig bedingen, dass die durch Verantwortung disziplinierte Freiheit Veränderungen ins Positive trägt und dass Wachstum in diesem Sinne sowohl unvermeidbar als auch gestaltbar ist. Die kritische Frage, der sich Marktökonomen im Zusammenhang der erlebten großen Krise stellen müssen, zielt auf die Tragfähigkeit der Ordnungsvorstellungen. Wie viel dauerhaftes Wissen lässt sich dafür mobilisieren? Wie viel lediglich kurz- und mittelfristige Überbrückung von Nichtwissen muss hingenommen werden? Wo liegen die unverrückbaren Einsichten, deren Nichtbeachtung unvermeidbar negative gesamtwirtschaftliche Folgen hat? Wo liegen die Antwortversuche, denen der Revisionsbedarf in die Wiege gelegt ist?

Ordnungspolitik ist der Versuch, durch die schlüssige Gestaltung von Regeln und die Bildung von Institutionen wirtschaftliche Freiheit in Wohlstand zu transformieren, wobei dies zugleich den gesellschaftlichen Wertvorstellungen über die Kapitalbildung entsprechen soll (Hüther, Straubhaar 2009). Ordnungspolitik ist die Anstrengung in der Ebene, das Bemühen für die Normalität. Es geht um Weitsicht und Prophylaxe. Es geht um Bedingungen für den Alltag, der im Grunde nichts anderes ist als ein sich ständig wiederholendes Miteinander, als sich wiederholende Spiele. »Stets gilt, dass der Weg das Ziel ist, weil nach dem Spiel schon vor dem Spiel ist«, so Robert Gernhardt in dem vorangestellten Gedicht[1]. Und auch: »Ein Spiel wird erst durch Regeln schön«. Für die Hoffnungsträger der Freiheit ist dieser Zugang trotz seiner Leichtigkeit zugleich unvermeidbare wie schwere Kost: Erst die durch Regeln disziplinierte Freiheit balanciert verlässlich das Miteinander von Markt und Staat! Doch wer die allfälligen Proteste in unserem Land gegen große und kleine Infrastrukturprojekte erlebt, der erfährt den Wert von Regeln und geordneten Prozeduren, wenn sie Interessen fair austarieren und verlässlich Kooperationsvorteile begründen. Wer diese gute Übung für die Normalität nach Belieben in Frage stellt, der gefährdet die Entscheidungs- und die Funktions-

1 Den Hinweis auf dieses Gedicht verdanke ich meinem Sohn Paul.

fähigkeit moderner Gesellschaften, die nach Herkunft, Lebensstil und Wertekanon ihrer Mitglieder höchst ausdifferenziert sind.

Ordnungspolitik ist indes keine Antwort auf Krisen, wie wir sie gerade durchlebt haben. Solche Phasen spontaner Unordnung und systemischer Panik werden sich nicht in gleicher Form wiederholen, und sie werden selbst durch Regeln nicht schön. Das erklärt, warum die vereinzelt zu hörende Ablehnung der konjunkturellen Gegensteuerung im Frühjahr 2009 von ordnungspolitisch verengten Ökonomen kam. Ordnungspolitik tut sich schwer mit der Bekämpfung akuter Krisen. Die Gefahr langfristiger Verwerfungen infolge fiskalischer Aktion wird allemal höher gewichtet als die mögliche Vermeidung einer Eskalation der Krise. Das hat angesichts der Erfahrungen, wie leicht Regierungen finanzpolitisch die Möglichkeiten überdehnen, viel für sich. Allerdings rechtfertigt dies nicht, der Panik gleichgültig gegenüberzustehen.

In jedem Fall spart die Ordnungspolitik die Krise einer spontanen Unordnung selbst konzeptionell aus. Dafür sind keine Handreichungen verfügbar. Der Notstand muss ad hoc gelöst werden. Die Erfahrung der letzten Jahre plädiert dafür, sich dieser prinzipiellen Notwendigkeit wenigstens nicht zu entziehen. Die Kritik der Krisenpolitik, die darauf beruht, das Problem der Krise zu negieren und deshalb konzeptionell zu ignorieren, kann nicht überzeugen. So vergibt man die Möglichkeit, für solche Situationen überzeugend Orientierung zu gewinnen, den kühnen Thesen lautstarker Gelegenheitsökonomen entgegenzutreten und das Ende der Krisenintervention verlässlich sowie angemessen zu gestalten. Die ökonomischen, politischen und gesellschaftlichen Kosten des Nichtstuns sind historisch evident. Das Vortragen allfälliger Bedenken reicht keinesfalls aus.

So stellt die Ordnungspolitik als Gestaltung der Normalität die eigentliche Herausforderung dar. Der Versuch, im Alltag von Politik und Gesellschaft für eine konsistente ethische – nämlich freiheitsbezogene – Fundierung des kollektiven Handelns und Unterlassens zu werben, trifft bei uns – so scheint es zumindest – auf erhebliche Widerstände. Diese Feststellung steht nicht im Gegensatz zu dem Befund, dass moralische Vorhaltungen gerade durch die Krise Konjunktur erlebten. Denn hier hat der Verweis auf Moral meist nur die Funktion der leichtgängigen Diskreditierung anderer, er ist aber nicht von der eigenen Verpflichtung zu den Grundlagen der freiheitlichen Gesellschaft getragen.

Unzählige Debattenbeiträge widmen sich den Schwierigkeiten der Deutschen, mit der Ordnung der Freiheit, ihren Chancen wie ihrer Unbequemlichkeit zurechtzukommen. Umfangreich wird begründet, dass wir keine Neigung zur Freiheit hätten. Unsere Geschichte habe nun mal andere Bedingungen gesetzt und so den Weg zum Versorgungsstaat geebnet. Das ist nicht falsch. Hilfreich sind solche Analysen, weil sie aufdecken, warum wir uns mit welchen Themen wie schwer tun und warum bei uns manches anders ist als bei benachbarten Gesellschaften mit vergleichbaren kulturellen Wurzeln. Neu ist diese Erkenntnis freilich nicht: Schon Helmuth Plessner hat in seinem Buch *Die verspätete Nation* (1935) betont, »aus Gründen seiner politischen und religiösen Geschichte hat Deutschland kein Verhältnis zu den Jahrhunderten, welche für die Bildung und Festigung der modernen Welt entscheidend waren«.

Wenig hilfreich sind dagegen jene kulturpessimistischen Übertreibungen, die im Angesicht unserer historisch konditionierten Freiheitskultur die Zukunftsunfähigkeit und Perspektivlosigkeit unserer Gesellschaft proklamieren und vergleichbare Schwierigkeiten in benachbarten Staaten ignorieren. Eine solche Sicht wird in nicht wenigen Beiträgen zur politischen Debatte noch mit einer maßlosen und damit unrealistischen Erwartung an Politik und staatliches Handeln verknüpft. Verkannt wird, dass Politik immer ein Prozess der doppelten Abwägung ist, in dem Sachargumente und Gruppeninteressen jeweils für sich und miteinander zu prüfen sind.

Diese überdehnten Untergangsfantasten nerven nicht weniger als jene Übelstandsnostalgiker, die ihre Sorge um die Welt nicht aus verlässlichen, das heißt nach dem Stand des Wissens wichtigen Befunden, sondern aus blind gewordenen Werthaltungen ableiten. Die wirksame Antwort auf die gepflegte Borniertheit des Gutmenschen kann nicht die gepflegte Ignoranz des Neoliberalen sein. Die Schlichtheit der Argumentation auf Seiten selbstvergewisserter Übermoral und Fernstenliebe enthebt die Frondeure der Freiheit nicht der differenzierten Betrachtung, Analyse und Wertung.

Das bedeutet auch, die Augen nicht zu verschließen, wenn die Entscheidungseliten in Wirtschaft und Gesellschaft ihrer Verantwortung im öffentlichen Raum nicht gerecht werden. Es gibt hinreichend historische Belege dafür, dass eine Gesellschaft nicht zukunftsfähig ist, wenn der Einzelne zwar rational kalkuliert, ihm aber jedes Verständnis für diese Mitverantwortung fehlt. Vertrauen als die für die freie Wirtschaft unverzichtbare Bereitschaft, sich von anderen abhängig zu machen, erfordert soziale Normen, die über die Selbstverantwortung des Einzelnen hinausweisen. Politik muss es ernst nehmen, wenn das Handeln von Funktionseliten den Bezug zur Lebenswirklichkeit der großen Mehrheit verloren hat und diese Kluft nicht mehr zu überbrücken ist. Ökonomische Sachlogik kann dann der Politik keine Führung geben. Der Verantwortungsdiskurs ist elementar für moderne Gesellschaften, er diszipliniert die Freiheit im öffentlichen Raum, und zwar durch die Betonung der Selbstverantwortung einerseits und der Mitverantwortung eines jeden für das Gemeinsame andererseits.

Diese erweiterte ethische Perspektive ist den Ordoliberalen wie Eucken (1952), Böhm (1937), Röpke (1961) und Rüstow (1932) nicht fremd gewesen. Sie findet sich bereits bei Adam Smith in der *Theorie der ethischen Gefühle*. Abhandengekommen ist diese Sichtweise in jener modernen Ausprägung der Volkswirtschaftslehre, die von Institutionen abstrahieren kann, weil sie unzweifelhaft stets die Koordinationseffizienz der Märkte und die Informationseffizienz der Preise voraussetzt. Für eine Marktökonomik, die einen Beitrag für die Gestaltung des öffentlichen Raums liefern möchte und sich damit der Relevanzfrage stellt, scheidet diese Naivität aus. Erst das Finden, Durchsetzen und Bewachen von Regeln, Institutionen und sozialen Normen eröffnet jenen Grenzgang, der von der Ökonomik zur Geschichte, zur Philosophie, zur Soziologie und anderen benachbarten Disziplinen führt.

Die besondere Herausforderung ist es dabei, die ordnungspolitischen Grundsatzerwägungen für die schlüssige Aufteilung von Verantwortung und Kompetenz zwischen Individuum und Staat sowie zwischen den Gesellschaftsmitgliedern mit den Besonderheiten des Hier und Jetzt zu verbinden. Weder Rabulistik noch Beliebigkeit sollten dafür den Weg weisen. Vermutlich wird es nie ganz und keinesfalls durchgängig gelingen, die damit anvisierte Mitte und das dazu passende Maß zu finden. Versuchen will ich es mit diesem Buch. Es geht um ein an die Realität angebundenes Panorama der Möglichkeiten, darum, das ökonomisch grundsätzlich Angemessene durch die praktische Vernunft mit den Bedingungen der politischen und gesellschaftlichen Realität zu verbinden. Leitend ist ein *rationaler Optimismus,* welcher der Einsicht folgt, dass offene, privilegienfreie Systeme des Austauschs von Ideen immer ein kollektives Lernen ermöglichen (Ridley 2010). So sind auch schwere Krisen unter den Bedingungen der Freiheit keine Sackgasse, sondern eröffnen neue Potenziale für Wachstum und Fortschritt. Die großen Bedrohungen der Menschheit, das lehrt das 20. Jahrhundert, sind unausweichlich mit einer undemokratisch überdehnten und anmaßenden Staatlichkeit verbunden, die den freien Austausch der Ideen und den ergebnisoffenen Fortschritt scheut.

Dieses Buch beschäftigt sich mit ausgewählten Fragen, die sich für unsere Volkswirtschaft unter den Bedingungen tiefer werdender gesellschaftlicher Brüche, fortschreitenden technologischen Wandels, demografischer Verschiebungen und globalen Wettbewerbs stellen. Sie zielen auf wirtschaftliche Dynamik in der längeren Frist – kurz, auf Wachstum, sie bleiben dennoch jeweils gebunden an den konkreten zeitlichen und sachlichen Kontext. Und sie verlangen letztlich alle gleichermaßen eine konsistente Balance im Miteinander von Markt und Staat: Was eigentlich ist als wirtschaftliches Wachstum zu verstehen, und was kann zu seiner Stärkung getan werden? Welche Verwerfungen hat die Finanzkrise mit sich gebracht, welche Sorgen waren berechtigt und welche nicht, was bleibt nach? Welche Fragen stellen uns die Turbulenzen in der Europäischen Währungsunion? Was können wir vom Arbeitsmarkt erwarten, wie trägt er künftig die wirtschaftliche Dynamik? Was müssen wir bildungspolitisch leisten? Gelingt es uns, über die Klärung der Selbstverantwortung und der Mitverantwortung eines jeden die Freiheit zukunftsfähig zu disziplinieren? Es geht um nicht mehr und nicht weniger als um die Sicherung der freiheitlichen Ordnung. Das Buch ist weder ein Traktat der schlechten noch der guten Laune, sondern der Versuch realitätsbezogener Abwägung von Prinzipien und Lösungen. Es ist kein skandalierendes Buch, hier werden weder Nationen noch Währungsunionen abgeschafft.

# 2. Wachstum als Rätsel in der Ordnung der Freiheit

Bei ökonomischen Fragen tauchen für Politik und Gesellschaft oft Rätsel auf. Sie bleiben meistens unerkannt, weil sie, selbstverständlich und unverrückbar, Frage, Antwort und Erklärung bis zur Unkenntlichkeit verdichten. Die Klarheit ihres Auftritts, ihre entschiedene und scheinbar einfache Aussage verträgt keinen Zweifel, sie weckt ihn noch nicht einmal. Und wem der Zweifel abhandenkommt, dem schwinden irgendwann Einsicht und Verständnis in die – oft schwer erkennbaren – Zusammenhänge von wirtschaftlicher Entwicklung. Für eine selbstbewusste, aufgeklärte und moderne Gesellschaft ist das eigentlich nicht nachvollziehbar und inakzeptabel. Für die Politik hingegen ist es bequem, weil es – zumindest in begrenztem Maße – Konsens erzwingt und Handlungsräume eröffnet. Wenn aber ein Konzept nicht erklärt wird, kann es im Falle fundamentaler Kritik nicht wirksam verteidigt werden. Es spaltet Politik und auch die Gesellschaft in verschiedene Lager. Argumente und Sachurteile können nicht mehr differenziert abgewogen und ausgetauscht werden, und so stehen sich schließlich nur noch Werturteile unverrückbar gegenüber.

## Woher Wachstum kommt und wozu es dient

Ein wunderbares Beispiel ist der Begriff »Wachstum«. Hier liegt für die einen die Lösung aller Probleme – Haushaltskonsolidierung, Arbeitslosigkeit, Bevölkerungsentwicklung, Umweltverschmutzung, Verteilung. Für die anderen hingegen verbirgt sich hier die Ursache aller Übel – Verarmung, Prekarisierung, Umweltzerstörung, generell der »Ungerechtigkeit«. Hinter diesem Widerspruch verbergen sich grundverschiedene Sichtweisen auf das Wachstum, die schon aus Gründen intellektueller Bequemlichkeit kaum genauer betrachtet werden.

Auffällig ist, wie wenige Grundeinsichten über wirtschaftliche Zusammenhänge bei den politischen Akteuren präsent sind oder – auch nicht besser – wie selten sie offenbart werden. Andererseits rufen uns die Plakate bei Wahlkämpfen monoton die Zentralbegriffe der Marktwirtschaft zu; Wachstum, Arbeit und Vertrauen fallen dabei besonders ins Auge. Transportiert wird ein mechanisches Verständnis von Politik: Gezielte Interventionen können – so das Versprechen – Wachstum stärken, Arbeit schaffen und Vertrauen begründen.

Was bei oberflächlicher Betrachtung noch eingängig erscheint, entpuppt sich bei näherem Hinsehen als fragwürdig. Wurde der Begriff »Wachstum« in den 1970er Jahren im Zuge der aufkommenden Umweltbewegung als Ausdruck eines falschen Fortschrittsglaubens gebrandmarkt, so erscheint er heute vielen unreflektiert als die Wunderwaffe moderner Wirtschaftspolitik. Während der Krise ist der Begriff allerdings in Misskredit geraten, weil »Wachstum« in seiner Abart als »Gier« nicht unbeteiligt an der Krise war. Bis vor der Krise galt als Common Sense, Wachstum schaffe Arbeit, ohne Wachstum entstehe kein Spielraum für Steuersenkungen, Wachstum ermögliche die Sanierung der Sozialsysteme und die Konsolidierung der staatlichen Budgets.

Nicht, dass diese Formulierungen völlig falsch wären. Doch bei der Frage, woher das Wachstum nur komme und was es systematisch damit auf sich habe, fühlt man sich an Kurt Tucholskys (1930) Vers »und darum wird beim happy end im Film jewöhnlich abjeblendt« erinnert. Der große Satiriker wollte deutlich machen, dass beim Film die Klappe stets dann fällt, wenn unvermeidbar der Zeitpunkt gekommen ist, wo die realitätsgetriebenen unangenehmen Fragen zu stellen wären. So ist es auch in der Politik.

Bevor tiefgehende Fragen nach dem Wie und Wann gestellt werden können, erscheint mit Beharrlichkeit der Hinweis auf mehr Wachstum. Der Unkundige muss glauben, dass dazu nur ein Regierungsbeschluss vonnöten sei. Doch Wachstum ist – so hat es der Sachverständigenrat im Jahresgutachten 1975 zeitlos treffend formuliert – das »Ergebnis der Anstrengungen der Menschen, es besser zu machen als bisher«. Wachstum ist damit unverrückbar Element der freiheitlichen Gesellschaft: Jeder macht, was er will; keiner macht, was er soll; aber alle machen mit!

Die Formulierung des Sachverständigenrates macht ebenso deutlich, dass die ökonomische Logik genau andersherum läuft, als uns die Politik gemeinhin erzählt: Arbeit schafft Wachstum, genauer gesagt die Kombination der Beschäftigungschancen mit dem verfügbaren Bestand aus Maschinen und Anlagen – der tägliche Versuch, etwas besser zu machen als bisher. Deutschland hat über einen langen Zeitraum sein Wachstum fast ausschließlich aus dem Anstieg der Arbeitsproduktivität gezogen, in der in besonderer Weise der technische Fortschritt zum Ausdruck kommt. Der gesamtwirtschaftliche Arbeitseinsatz ist hingegen gewollt – durch Arbeitszeitverkürzung – und ungewollt – durch steigende Arbeitslosigkeit – über Jahrzehnte fortlaufend zurückgegangen, und zwar so stark wie in keinem vergleichbaren Industrieland.

Also ist die Frage berechtigt, wo neue Beschäftigungschancen entstehen können, oder in der beliebten Talkshow-Version: Wo kommen die Arbeitsplätze her? Einige Hinweise dazu. Erstens: In den 1980er Jahren konnte bis zum Fall der Mauer aus einem Mix aus Arbeitsmarktliberalisierung (Beschäftigungsförderungsgesetz 1985), Investitionsstimulierung (dreistufige Steuerreform ab 1986, Deregulierung und Privatisierung ab 1985) und forcierter Haushaltskonsolidierung (ab 1982) ein Anstieg der Beschäftigung um deutlich über zwei Millionen Personen erreicht werden. Zweitens: Die mit dem Hartz-II-Gesetz eingeführten Mini- und Midijobs haben in kurzer Zeit einen kräftigen Boom erlebt und zunächst zu einem Anstieg der Erwerbstätigkeit geführt. Dies zeigt, dass grundsätzlich ein Abbau von Gestaltungshemmnissen – wie ein Öffnen von Schleusen – am Arbeitsmarkt zu neuen Beschäftigungschancen führt. Drittens: Nicht anders haben wir es im letzten Aufschwung bis 2008 erlebt, als sich entsprechende Reformen in mehr Beschäftigung – und zwar zu 96 Prozent sozialversicherungspflichtig, also von guter Qualität – niederschlugen. Diese Entwicklung ist von der schweren Krise, die ja mitunter Produktionseinbrüche in der Industrie von 50 Prozent verursachte – freilich durch Nutzung veränderter Regeln für das Kurzarbeitergeld –, nicht unterbrochen worden. Bereits seit Jahresmitte 2010 werden wieder neue Arbeitsplätze geschaffen.

Wirtschaftspolitisch wird deutlich, worum es geht. Ein dauerhaft höherer Wachstumspfad lässt sich für die deutsche Volkswirtschaft erreichen, wenn wir einerseits den Menschen mehr Beschäftigungschancen geben und sie andererseits dazu anhalten, diese zu nutzen. Deshalb muss der Arbeitsmarkt im Mittelpunkt aller künftigen Bemühungen für mehr Wachstum stehen, kurzfristig verbunden mit den Stichworten »Senkung der Lohnnebenkosten« sowie »Flexibilisierung und Deregulierung der Arbeitsbeziehungen«, dauerhaft ebenso mit dem der »bevölkerungsorientierten Familienpolitik« und einer »bedarfsgesteuerten Zuwanderung«. Andererseits sind die Voraussetzungen für Innovationen und Investitionen immer noch zu verbessern. Damit rücken die Abgabenlast, die Staatsfinanzen und die Bildungspolitik in den Fokus. Eines sollte aber grundsätzlich klar werden: Niemand kann Wachstum verkünden. Dieser Irrläufer der politischen Debatte gehört endlich ins Archiv.

Die Kehrseite des politisch weit verbreiteten Missverständnisses ist die Vorstellung, man könne durch gezielte und selektive Intervention in Branchen und Märkte nicht nur Wachstum kreieren, sondern den ökonomischen Wandel definieren. Diese Gestaltungssucht ist kein deutsches Phänomen allein, andere Staaten – vor allem Frankreich mit der branchenbezogenen Industriepolitik – haben dabei eine weit größere Tradition. Kein Wunder, dass gerade über die Achse Berlin–Paris in der Vergangenheit immer wieder solche Ansprüche die deutsche Wirtschaftspolitik infiziert haben. Dennoch blieben die Unterschiede in der Industriepolitik beider Staaten markant. Während Frankreich auf die gezielte Entwicklung und Förderung einzelner Sektoren setzte, richtete Deutschland sein Augenmerk auf die allgemeinen Bedingungen unternehmerischen Handelns. Durch die Finanz- und Wirtschaftskrise wurden die Unterschiede akzentuiert und politisch zugespitzt. So ist auch der Vorwurf der französischen Regierung am Ende dieser Krise zu verstehen, das deutsche Wachstum sei »unsolidarisch« und man verschaffe sich zudem durch eine gezielte lohnpolitische Strategie einseitig Vorteile.

Die Wahrnehmung, dass Deutschland wegen seiner vergleichsweise starken Industrieprägung besonders gut aus der Krise gekommen ist, hat gerade in Frankreich die Einschätzung vieler bestärkt, nun mit spezifischer Industriepolitik die eigentliche Schlussfolgerung aus der Krise zu ziehen. Ähnliche Konsequenzen haben die Regierungen in den Vereinigten Staaten und in Großbritannien gezogen. Vorbei sind die Zeiten, da die Industrie für Rückwärtsgewandtheit stand. Nicht wenige historische Entwicklungen werden dabei als Muster erfolgreicher Industriepolitik zitiert.

Tatsächlich schafft der Staat mitunter aus ganz anderen Beweggründen Rahmenbedingungen, die im Nachhinein als bewusste Akte der Wirtschaftspolitik erscheinen. Als etwa die Sowjetunion 1957 den ersten Sputnik in den Weltraum schoss, startete der Westen mit Hilfe einer großen industriepolitischen Anstrengung eine grandiose Aufholjagd. Die USA intensivierten nicht nur ihr Raumfahrtprogramm, sondern auch ihre umfangreichen bildungs- und forschungspolitischen Bemühungen. Bei solchen Anstrengungen geht es nicht um die branchenneutrale Verbesserung von Rahmenbedingungen, sondern vielmehr um die Aufzucht, die Förderung oder den Schutz bestimmter Sektoren, denen die politische Weisheit eine strategische Bedeutung für die ökonomische Prosperität beimisst. So wie vor über 50 Jahren der globale Systemkonflikt zwischen den beiden Blöcken das Bild von einem Wettlauf zu den Nahrungstöpfen der Zukunft prägte, so schürt in unserer Zeit die ökonomische Globalisierung solche Vorstellungen. Der »Weltkrieg um Wohlstand« und um die Verteilung aller Ressourcen und Güter ist propagandistisch an die Stelle des Kalten Krieges getreten.

Die ökonomische Theorie bietet mitunter durchaus Unterstützung für den gezielten Eingriff in die Wirtschaftsstruktur. Sind Investitionen beispielsweise mit solchen Unwägbarkeiten verbunden, dass der Kapitalmarkt unter unverzerrten Bedingungen einen Risikoausgleich nicht herbeizuführen vermag, dann kann eine kollektive Absicherung notwendig sein. Atomkraft, Raumfahrt oder das europäische Satellitennavigationssystem Galileo wären ohne staatliche Finanzierung und Risikoübernahme nicht vorstellbar. Der Staat sorgt so für die Bereitstellung öffentlicher Güter. Freilich haben Projekte solcher Dimension den Rang von Jahrhundertherausforderungen.

Anders sieht die Argumentation der »strategischen Handelspolitik« aus. Danach begünstigen steigende Skalenerträge in der Herstellung eines Produkts große Einheiten und damit oligopolistische Marktstrukturen. Wegen Unteilbarkeiten in der Produktionstechnik und mit steigendem Output zunehmender Lerneffekte drohte die Gefahr, dass Schlüsselbranchen ohne staatliche Unterstützung dort keine Chance mehr haben, wo – warum auch immer – der Anschluss an die technische Spitze verloren gegangen ist.

Der europäische Luftfahrtkonzern Airbus zum Beispiel wurde lange Zeit als erfolgreicher Beleg einer solchen Strategie gepriesen. Doch dies gilt nur – so die Monopolkommission (2004) –, wenn man auf die Verzinsung der eingesetzten Subventionen verzichtet, ganz abgesehen von den mit jeder Subvention grundsätzlich verbundenen Verzerrungen. Bei der Entwicklung von Speicherchips wurde ebenso die strategische Komponente betont und die Gefahr beschrieben, den Anschluss an die weltweite Entwicklung zu verlieren. Tatsächlich zeigt der Rückblick, dass nahezu bei jeder neuen Generation sich ein anderes Unternehmen als Marktführer positionieren konnte. Lernkurveneffekte wurden deutlich überschätzt. Heute werden ähnliche Diskussionen zum Thema Elektromobilität und Batterietechnik geführt; die in Aussicht genommene hohe staatliche Förderung verzerrt die Forschungs- und Entwicklungsstrategien der Automobilhersteller zulasten alternativer Antriebstechnologien. Die Erfahrung der Vergangenheit plädiert zumindest für eine technikoffene Förderpolitik.

Schließlich lässt sich mit der »Industrieökonomik« die gezielte Unterstützung von Unternehmenszusammenschlüssen zu nationalen Champions begründen, weil dadurch Synergien gehoben werden, die ansonsten der Volkswirtschaft verloren gehen. Damit wird die Fusionskontrolle von einem Instrument der Wettbewerbssicherung zu einem Instrument der Industriepolitik; es wird ein Zielkonflikt zwischen Wettbewerb und Effizienz unterstellt. Der empirische Befund ist freilich ernüchternd. Analysen von Megafusionen belegen recht eindeutig, dass die Effizienzgewinne regelmäßig über- und die Restrukturierungskosten ebenso regelmäßig unterschätzt werden. Zudem werden die Belastungen des inländischen Wettbewerbs meist übersehen.

So erweisen sich die Argumente für eine sektorale Industriepolitik als höchst fragwürdig. Das Informationsproblem ist fundamental. Denn jeweils wird unterstellt, dass es staatlichen Instanzen mit sicherer und leichter Hand gelingt, geeignete Technologien, Unternehmen oder Branchen zu identifizieren. Die Realität ist das nicht. Zudem wird für den Erfolg der industriepolitischen Strategie unterstellt, dass die Wettbewerber auf Retorsionsmaßnahmen verzichten. Das ist unrealistisch. Auch werden die indirekten Wirkungen unterschätzt, die sich infolge staatlicher Eingriffe über Preisanpassungen in vor-, nach- oder nebengelagerten Märkten ergeben.

Was bleibt dem Staat dann zu tun? Erstens kann er – wie es überwiegend in Europa der Fall ist – durch eine allgemeine, nicht auf bestimmte Projekte bezogene steuerliche Forschungsförderung die Innovationskraft der Volkswirtschaft stärken. Infolge externer Effekte der Forschungsausgaben verbleiben deren Erträge nur teilweise im Unternehmen, folglich können Unternehmer weniger investieren, als es gesamtwirtschaftlich effizient wäre. Deutschland verzichtet als eines von wenigen Industrieländern auf diesen effektiven Weg der Forschungsförderung, was unser Wachstumspotenzial belastet (Spengel et al. 2009). Zweitens hat sich in den vergangenen zehn Jahren erwiesen, dass die Bildung von Netzwerken und Clustern einen wichtigen Beitrag für die Entwicklung von Wertschöpfung und Beschäftigung leisten kann. Bund und Länder können dafür eine angemessene Infrastruktur bereitstellen und die Vernetzung der Unternehmen fördern. Hier ist nicht immer Geld vonnöten, oft reicht die Moderation gemeinsamer Interessen zur Identifikation von möglichen Synergien.

All dies hält die Politik freilich nicht von dem Versuch sektoraler Industriepolitik ab. Der Traum, eine gesamtgesellschaftliche Projektidee für das 21. Jahrhundert zu entdecken, wirkt unverändert faszinierend. Zeitgemäß werden unter der Überschrift »ökologische Industriepolitik« die Rosinen in der Umwelttechnologie vermutet und dem Staat die Kompetenz zugeordnet, Leitmärkte der Zukunft zu identifizieren (Bundesministerium für Umwelt, Naturschutz und Reaktorsicherheit 2008). Das mag so sein, doch rechtfertigt es nicht den ordnungspolitisch verfehlten Ansatz sektoraler Steuerung. Der Wettbewerb wirkt auch hier als Entdeckungsverfahren, in dem souveräne Konsumenten auf Preissignale reagieren. Dies zuzulassen setzt auf Seiten der Politik die Bescheidenheit voraus, auf einen unrealistischen Gestaltungsanspruch zu verzichten.

In der Tat bietet sich die Umweltpolitik als eine neue Form industriepolitischer Aktion an. Denn es hat sich für die öffentliche Diskussion als sehr wirksam erwiesen, die Vorzüge umweltpolitischer Anstrengungen nicht mehr ausschließlich mit den positiven Wirkungen auf Umwelt- und Ressourcennutzung zu begründen, sondern ebenso – manchmal ausschließlich – mit ihren Arbeitsplatzeffekten. Nun könnten wir eine doppelte Dividende einstreichen: für die Umwelt und für die Beschäftigung! Ein neuer Wachstumszweig ist entdeckt! Das wirkt verlockend und wird jeden Zweifler an einer entsprechend motivierten Industriepolitik überzeugen. Doch Industriepolitik bleibt Industriepolitik, egal für welche Branche. Umweltpolitik sollte sich nicht mit fragwürdigen Argumenten auf die falsche Fährte begeben, zumal sie ohnehin mit dem Problem zu kämpfen hat, leicht durch moralische Kategorien dominiert zu werden, und dadurch Gefahr läuft, die Bindung zu den Befunden und Sachzusammenhängen zu verlieren.

So sorgen die Meldungen über den drohenden Klimawandel immer wieder für Aufsehen. Der Klimabericht der Vereinten Nationen bestätigt Prognosen, wonach bis zum Ende des 21. Jahrhunderts die globale durchschnittliche Temperatur um 3 Grad Celsius ansteigen kann. Die Bedeutung der vom Menschen verursachten Erderwärmung ist – wie eine Umfrage der University of Illinois (2009) unter 3000 Geowissenschaftlern zeigt – wissenschaftlich breit verankert. Die mediale Aufbereitung dieser Analyse hat an die Katastrophenberichterstattung erinnert, die bei Umweltthemen früher üblich war. Solchermaßen emotionale Mobilisierung widerspricht aber dem erreichten Stand der Umweltpolitik und behindert die notwendige rationale Erörterung. Überzeugende Geschichten müssen heute nicht auf emotionale Aufrüttelung setzen, sondern leben von der Nüchternheit der Fakten (Paqué 2010).

Die bundesdeutsche Umweltpolitik hat eine mittlerweile 40-jährige Geschichte. Am 29. September 1971 legte die damalige Bundesregierung ein erstes Umweltprogramm vor. Damals waren düstere Zukunftsvisionen vorherrschend. Wir erinnern uns an die Studie des Club of Rome über »Die Grenzen des Wachstums« aus dem Jahre 1972 oder an »Global 2000«, jenen vom US-Präsidenten Carter beauftragten Bericht über die mittelfristigen Aussichten. Danach sollte die »Welt im Jahre 2000 noch überbevölkerter, verschmutzter, ökologisch weniger stabil und für Störungen anfälliger sein« als zu Beginn der 1980er Jahre. Wer heute mit ähnlichen Thesen kommt – meist Philosophen und Soziologen –, der fällt einfach aus der Zeit, weil er sowohl die politischen Veränderungen als auch die Fortschritte bei der Umwelt- und Ressourcennutzung ignoriert. So steht Deutschland trotz des vergleichsweise hohen Anteils energieintensiver Branchen international bei der Energieeffizienz auf Platz vier, ähnlich sieht es bei der Umwelteffizienz aus.

Wir wissen heute, dass diese Schreckensszenarien nicht eingetreten sind, und zwar deshalb, weil sie geholfen haben, in der Öffentlichkeit und bei politisch Verantwortlichen einen Bewusstseinswandel auszulösen. Die Umweltpolitik war seinerzeit als Reparaturpolitik konzipiert, die versuchte, Schäden des menschlichen Handelns für die verschiedenen Umweltmedien zu beseitigen oder zu verringern. Tatsächlich konnten einige damals drängende Umweltprobleme weitgehend gelöst werden. Dies begründet freilich keine Leichtfertigkeit gegenüber heute virulenten Problemen. Doch wer sich diesen erfolgreich stellen will, der sollte das Erreichte nicht ignorieren.

Dabei hat sich die Schwerpunktsetzung in der Umweltpolitik verschoben: Die zunächst vor allem nachsorgende Umweltpolitik ist einer vorsorgenden Umweltpolitik gewichen, die der Generationengerechtigkeit dient. Was auf den ersten Blick selbstverständlich erscheinen mag, hat weitreichende Konsequenzen. Die traditionelle Umweltpolitik ließ sich direkt mit dem ökonomischen Phänomen der konkreten Umweltverschmutzung als Folge von Produktion und Konsum verbinden (externe Effekte). Wirtschaftliche Handlungen, die ohne Rückwirkung auf den Verursacher bei anderen oder dem Kollektiv ungewünschte Folgen haben, bedürfen demnach der Korrektur. Solche Umweltprobleme waren in der Regel überschaubar und mit dem Ordnungsrecht kurierbar.

Eine Umweltpolitik, die hingegen mit dem Konzept der Nachhaltigkeit die Bedürfnisse und Interessen künftiger Generationen explizit berücksichtigen will, erfordert eine weitere gesellschaftliche Klärung fundamentaler Werturteile. Was genau bedeutet Generationengerechtigkeit? Welches Gewicht sollen die Ansprüche künftiger Generationen im Vergleich zur jetzt lebenden Generation haben? Welche Umwelt ist es, die wir schützen und bewahren wollen? Wenn diese Fragen nicht geklärt werden, kann es leicht zu einer Überforderung der Gegenwart kommen. Nicht selten werden die Lebensgrundlagen der Zukunft höher gewichtet als die der Gegenwart. Und nicht minder häufig wird implizit so getan, als ginge es darum, den Einfluss des Menschen auf die Umwelt zu minimieren – statt ihn unter Berücksichtigung wirtschaftlicher und sozialer Erwägungen zu optimieren.

Dieser Wandel im Leitbild der Umweltpolitik muss in das Zentrum der gesellschaftlichen Debatte um Wachstum und Wohlstand gerückt werden, weil gerade die vorsorgende Umweltpolitik in höherem Maße auf vorläufigem Wissen beruht; es geht um mehr als die überschaubaren Zusammenhänge konkreter Verschmutzung der Umwelt. Unklare naturwissenschaftliche Wirkungszusammenhänge, Unsicherheiten über langfristige Folgen und den weiteren technischen Fortschritt sowie die Dynamik und das Muster des Wachstums kennzeichnen die Unvollkommenheiten des Wissens, die durch Wertentscheidungen nur vorübergehend überbrückt werden können. Die vorsorgende Umweltpolitik muss diesem Problem Rechnung tragen, indem so weit wie möglich marktnahe Instrumente genutzt und Regeln unter Revisionsvorbehalt gestellt werden.

Konzeptionell findet die Umweltpolitik ihre Heimat in der Angebotsorientierung. Diese setzt auf die beschäftigungsneutrale und ressourcenkonforme Bewältigung des Strukturwandels, indem für das Investieren ein guter und verlässlicher Rahmen gesetzt wird. Nur die Effizienz marktwirtschaftlicher Steuerung kann der vorsorgenden Umweltpolitik eine nachhaltige Grundlage bieten. Die Umweltpolitik ist aus dem Bereich des Spektakulären in den der Normalität gewechselt. Das muss so bleiben. Die damit verbundene Entideologisierung sollte genutzt werden, um die Umwelt- und Klimapolitik konsequent als Bedingung des wirtschaftlichen Strukturwandels zu begreifen. Das erfordert erstens, das Klimaproblem als globale Herausforderung ernst zu nehmen, es muss ein internationales, sanktionsbewährtes Klimaabkommen geschlossen werden, und zweitens ist es dringend geboten, die Wettbewerbsfähigkeit der deutschen Industrie ernst zu nehmen, denn die Dekarbonisierung unserer Produktion durch deren Verlagerung ins Ausland hilft dem Klima nicht. Drittens muss der Instrumentenmix besser abgestimmt und der Schwerpunkt auf den Emissionshandel gelegt werden. Viertens werden wir nicht nur auf Vermeidung von $CO_2$ setzen können, wir müssen ebenso Anpassungsstrategien an den Klimawandel entwickeln. Fünftens ist auf hohe wirtschaftliche Dynamik zu achten, um dadurch im Sinne einer Versicherung auch künftig bei weiteren Herausforderungen handlungsfähig zu bleiben.

## Lieber Abschottung als Wettbewerb?

Befragt man die Intention des Staates, aus der heraus er regulierend handelt, so ist nicht klar auszumachen, ob man darauf achtet, Wachstumspotenziale auch auszuschöpfen. Denn der Eingriff des Staates in den volkswirtschaftlichen Strukturwandel zielt nicht nur auf dessen Gestaltung, sondern sehr viel häufiger auf dessen Verhinderung. Das hat eine lange Tradition, weil der Schutz gegen wettbewerbliche Anforderungen und Anstrengungen die meisten Menschen überzeugt. Erst recht gilt dies im Informationszeitalter. Nie zuvor war es für den Einzelnen so leicht, die gewünschten Informationen zu beschaffen. Computer und Netzwerke haben einen Quantensprung möglich gemacht. Die schnellere und umfassendere Verfügbarkeit von Daten hat die Wettbewerbslage in den zugleich globaler gewordenen Märkten stark verändert. Wer den Informationsvorsprung mit entsprechender Analysekompetenz verbinden kann, der gehört heute zu den Gewinnern. Gepaart mit der größeren Freiheit beim Zugang zu nationalen Märkten, geringerer Staatstätigkeit und der marktwirtschaftlichen Öffnung der Transformationsländer hat die Revolution in der Kommunikationstechnik die Globalisierung immens beschleunigt und vertieft. Flankierend wirkten dabei institutionelle Neuerungen, weil sie den Wettbewerb durch Regeln stabilisieren.

Die vier Grundfreiheiten – freie Mobilität von Gütern und Diensten, Arbeit und Kapital – sichern seit der Realisierung des Binnenmarktes in der Europäischen Union die Möglichkeiten der internationalen Arbeitsteilung ab. Ähnlich, wenn auch noch unvollständig, sorgt die Welthandelsordnung für einen entsprechenden globalen Handlungsrahmen. Wer die Tragfähigkeit der weltwirtschaftlichen Expansion verstehen will, der muss die damit gegebenen Möglichkeiten der internationalen Arbeitsteilung erkennen. Hier liegt der Antrieb für den Strukturwandel, aber zugleich auch dafür, dass sich der Argwohn fremden Einflüssen gegenüber ausgeweitet hat. Immer wieder werden Vorschläge gemacht, um den heimischen Standort durch besondere Vorschriften vor Konkurrenz zu schützen.

Dazu zählt die Idee des (früheren) französischen Regierungschefs de Villepin, die Gewährung von Subventionen an die Standortverpflichtung des jeweiligen Unternehmens zu binden, angeregt durch den seinerzeit geplanten Stellenabbau bei Hewlett-Packard. Der politischen Fantasie sind dabei keine Grenzen gesetzt: So kann die Subvention an die Bedingung geknüpft werden, in bestimmtem Umfang bei heimischen Herstellern Waren und Dienste als Vorprodukte zu beziehen (Local-Content-Vorschriften). Besonders attraktiv wird dieser Vorschlag für die Politik dann, wenn derartige

Regeln mittelständische Anbieter begünstigen. Eine andere Variante fordert die Rückzahlung von Subventionen, wenn Beschäftigung abgebaut wird. In Deutschland hatten wir den Nokia-Fall in Bochum, wo die Subventionen von der Politik zurückgefordert wurden, als Standorte geschlossen wurden. Von dem unansehnlichen Gerangel um die Opel-Subventionen in den Jahren 2008 bis 2010 ganz zu schweigen. Die Standfestigkeit des Bundeswirtschaftsministers hat die Einsicht provoziert, dass die Ablehnung von Unterstützungszahlungen keineswegs negative Folgen für Produktion und Beschäftigung nach sich zieht. Denn so werden die Kapazitäten des Managements wieder auf die eigentlich relevanten Fragen gerichtet.

Die gleichwohl bestehende Faszination solcher Interventionsvorschläge für die Politik ergibt sich aus der Möglichkeit, in einer Zeit Handlungsfähigkeit beweisen zu können, in der es an Unmittelbarem nichts zu versprechen gibt. Wir nehmen – so kann die Politik vortäuschen – den Standortwettbewerb ernst und engagieren uns! Doch diese Faszination verliert sich schnell, wenn man an der Oberfläche der Argumentation kratzt. Die Gewährung von Subventionen ist grundsätzlich zu hinterfragen. Denn wer subventioniert, der verzerrt Standortentscheidungen. Wenn diese Verzerrung, aus welchen Gründen auch immer, nicht mehr wirkt, dann ist das Unternehmen auf die fundamentalen Standortbedingungen verwiesen. Gott sei Dank führt die allenthalben wirksame Misere der öffentlichen Finanzen dazu, dass der für Industriepolitiker naheliegende Gedanke der Dauersubvention nicht mehr aufkommt. Also werden Ersatzmittel gesucht, um die Ankunft subventionierter Wertschöpfung in der Standortrealität zu verhindern.

Die Local-Content-Bedingung hat den vordergründigen Charme, dass entsprechende Regeln auch in anderen Ländern gültig sind. Dennoch: Dieser Gedanke ist volkswirtschaftlicher Unsinn. Zum einen richtet man dadurch indirekt mittelständische Reservate ein, die auf Dauer zu falschen Anpassungsstrategien der begünstigten Unternehmen führen. Die Intensivierung der internationalen Arbeitsteilung wird behindert, Spezialisierungsvorteile unterschiedlicher Wirtschaftsräume kommen nicht zum Tragen. Der Standortwettbewerb wird gerade nicht angenommen, und längerfristig drohen deshalb Beschäftigungsverluste.

Doch zum anderen: Wie will man im Rahmen der fortschreitenden internationalen Arbeitsteilung jene Länder auf den Pfad der marktwirtschaftlichen Tugend bringen, die sich derzeit den internationalen Absprachen und Regelwerken mehr oder weniger unverblümt entziehen? So ist in China auch nach dem – zumindest teilweisen – Beitritt zur Welthandelsorganisation der Schutz geistigen Eigentums nicht gegeben, und Local-Content-Bedingungen haben für Investoren dort nach wie vor eine große Bedeutung. Der von deutscher und europäischer Seite notwendige Druck auf die chinesische Regierung, diese Abwege zu verlassen, verliert an Kraft und Glaubwürdigkeit, wenn wir selbst auf entsprechende Strategien setzen. Die Bedeutung offener Märkte zeigt sich an den Beschlüssen der chinesischen Regierung im Jahr 2010, den Export von seltenen Erden zu drosseln. Damit wird die Rohstoffverfügbarkeit für unsere Industrie gefährdet. Solchen Strategien sollte man nicht durch eigene Handelsrestriktionen Vorschub leisten.

Damit bleibt nicht viel vom »Wirtschaftspatriotismus« übrig, der aus traditionellen industriepolitischen Ambitionen folgt. Die Politik sollte die generelle Verbesserung der Investitionsbedingungen in das Zentrum ihrer Bemühungen stellen. Die deutsche Wirtschaftspolitik hat erfreulicherweise stets grundsätzlich danach gehandelt. Dennoch wirkt auch bei uns vielfach der Wunsch, den Unwägbarkeiten der Globalisierung durch Vorkehrungen entgegenzutreten. Der Fokus ist da weniger auf bindende Vorgaben für unternehmerisches Handeln gerichtet als auf die Einhegung ungehinderten Wettbewerbs vor unerwünschten, meist »fremden« und uns stets dubiosen Akteuren.

In den letzten Jahren hat ein solcher Akteur nicht nur bei uns zu Abwehrreaktionen geführt. Viele Staaten mit einer Überschussposition im internationalen Handel – sei es währungspolitisch bedingt, sei es aufgrund bestimmter Ressourcenvorkommen – hatten sich mit der Frage auseinanderzusetzen, was denn mit diesen Einnahmeüberschüssen an Devisen sinnvoll zu tun sei. Dafür wurden Staatsfonds gegründet, die global nach attraktiven Investitionen suchen. Staatsfonds gibt es schon lange. Doch erst die großen neuen Spieler aus China sowie aus Russland haben öffentlich Aufsehen erregt und Sorgen über teuflische Absichten aufkommen lassen. Es ist immer die gleiche These: Diese Fonds in Händen anderer Staaten verzichten auf Rendite und zielen stattdessen auf die Schädigung jener Volkswirtschaften, in die sie sich einzukaufen beabsichtigen. Als Motive werden die Beeinträchtigungen der dortigen Infrastruktur oder der Transfer von technischem Wissen ins Heimatland genannt. So fragwürdig diese Argumente sind, es hat die Politik letztlich nicht davon abgehalten zu intervenieren.

Im August 2008 wurde im Bundeskabinett die Novelle des Außenwirtschaftsgesetzes und der Außenwirtschaftsverordnung verabschiedet. Damit wurde ein längerer Streit über den Umgang mit ausländischen Investoren, besonders Staatsfonds, innerhalb der Regierung – vor allem zwischen Arbeitsminister und Wirtschaftsminister – vorerst entschieden. Die Freiheit grenzüberschreitender Investitionen droht aber Schaden zu nehmen. Der damit ermächtigte Staatseingriff ist ein schwerer ordnungspolitischer Sündenfall.

Man mag einwenden, das sei nun sehr puristisch gedacht und verkenne die Bedingungen der Realität. Entsprechend verwies die Spitze des Bundeswirtschaftsministeriums darauf, dass wieder einmal Schlimmeres verhindert wurde. Alles sei jetzt nur noch halb so schlimm, kaum von Bedeutung. Niemand wird dem Wirtschaftsministerium die Ernsthaftigkeit bestreiten, mit der absurde Ideen anderer Ressorts eingesammelt oder entkräftet werden. Das Arbeitsministerium hatte sich seinerzeit mit der Forderung nach einer Arbeitsplatzgarantie entsprechend hervorgetan.

Doch wenn alles kaum von Bedeutung ist, warum tat man es dann überhaupt? Die Begründung für eine prinzipielle Ermächtigung zum regierungsamtlichen Eingriff in die Vertragsfreiheit konnte doch nicht darin liegen, dass andere noch mehr gefordert hatten. Der Koalitionskompromiss als Ersatzhandlung und als Befriedungsversuch? Oder traf sich in diesem scheinbar unbedenklichen Objekt einfach das Interesse der Politik, Handlungsfähigkeit zu zeigen auf günstige Weise mit der öffentlichen Stimmung einer vermeintlichen globalisierungsbedingten Ohnmacht?

Wie es auch gewesen sein mag, letztlich kommt es auf die künftig denkbaren und nicht auf die heute vorgesehenen Eingriffe an. Verantwortliche Politik muss das Potenzial der Gefährdung sehen. Die neuen Regelungen des Außenwirtschaftsrechts können durch ihre fast unvermeidlich unscharfen Rechtsbegriffe einem gezielten Missbrauch ebenso den Weg ebnen wie einer generell expansiven Auslegung. Innere Sicherheit und öffentliche Ordnung sind wohlfeile Begriffe, denen jeder zustimmen kann; sie sind für Interpretationen weit offen und vermögen beliebige Branchen sowie Unternehmen in den Fokus der Sorge zu schieben.

Es sind Angstbegriffe, die der Politik Führung geben. Das ist – abgesehen von den vielen Argumenten gegen staatliche Genehmigungsrechte für Kapitalbeteiligungen ausländischer Investoren – der besonders bedenkliche Aspekt der Gesetzesänderung. Es ist wie bei unserem Zuwanderungsgesetz, das ehrlicherweise Zuwanderungsbegrenzungsgesetz heißen sollte: Das gesendete Signal spricht für Abschottung und nicht für Offenheit. Als Land, das die Folgen des demografischen Wandels nicht mehr nur theoretisch reflektiert, sondern praktisch bereits in aller Schärfe spürt, können wir uns solche Signale gar nicht mehr leisten.

Schrumpfung und Alterung der Bevölkerung zwingen durch den damit verbundenen Dynamikverlust volkswirtschaftlicher Leistungskraft zur Offenheit, und zwar für die Zuwanderung von qualifizierten Arbeitskräften ebenso wie für den Zustrom von Investitionskapital. Eine positive Sicht der Dinge erlaubt uns zu erkennen, dass wir in beiden Fällen nichts anderes erleben als eine Prämierung des Standorts Deutschland. Es lohnt sich, hierzulande zu investieren und zu arbeiten. Diesen Kontext sollte würdigen, wer leichtfertig von kleinen Korrekturen vorhandener Gesetze spricht.

Übersehen wird dabei auch, dass Staatsfonds das Bemühen von Regierungen ausdrücken, staatliche Einnahmen, die nicht auf einer nationalen Vorleistung beruhen und jedenfalls nicht als dauerhaft angesehen werden können, investiv zu verwenden und nicht – wie es in der Ökonomik unter dem Begriff der »holländischen Krankheit« firmiert – zum Ausbau des Wohlfahrtsstaates, der die Wettbewerbsfähigkeit in den bestehenden Strukturen schwächt. Wir sollten gerade als Europäer solche Vernunft würdigen, statt sie zu dämonisieren. Denn die im Frühjahr 2010 aufgebrochenen Probleme in der Europäischen Währungsunion und die dahinterstehenden Sorgen über die nachhaltige Finanzlage in den südeuropäischen Mitgliedsländern beruhen ja darauf, dass diese Staaten die Vorteile der gemeinsamen Währung durch geringere Realzinsen volkswirtschaftlich nicht investiv, sondern überwiegend konsumtiv – den privaten Wohnungsbau eingeschlossen – verwendet haben.

Argwohn ist sicher kein guter Berater der Wirtschaftspolitik, in jedem Fall nämlich werden Chancen vertan, ohne dass der Nutzen dieses Eingriffs sichtbar wird. Dennoch dominiert der Argwohn gegenüber einem nicht zu überschauenden und nicht zu durchschauenden Wettbewerb. So hat auch die europäische Debatte um den freien Dienstleistungsverkehr altbekannte Abwehrversuche befördert. Wird der freie Warenverkehr heute weitgehend akzeptiert, so ist der Wettbewerb bei Dienstleistungen, der direkt Arbeitsplätze und Arbeitskräfte anspricht, vielen suspekt. Verbreitete Ängste der Bevölkerung werden zum Thema der Politik, wie schon beim Arbeitnehmer-Entsendegesetz Mitte der 1990er Jahre.

Die Versuche der Politik, Märkte zu regulieren und damit Marktpositionen zu sichern, treiben mitunter interessante Blüten.

Sie zeigen, wie weit und wie tief der Glaube an die Notwendigkeit staatlicher Intervention vorgedrungen ist – aus Gewohnheit, weil wir uns anderes gar nicht mehr vorstellen können, und aus Bequemlichkeit, weil wir uns anderes gar nicht vorstellen wollen. Wie bei der Regulierung des Marktzugangs im Handwerk werden die entsprechenden Hürden im Fall der freien Berufe begründet: einerseits mit dem Schutz der Verbraucher durch Sicherung hoher Qualität und andererseits mit dem Schutz der Anbieter vor ruinöser Konkurrenz. Beide Argumente hängen eng mit dem Problem zusammen, dass bei den angebotenen Dienstleistungen der Verbraucher die Qualität in der Regel erst infolge der Nutzung vollständig beurteilen kann. Im Zeitpunkt der Auftragsvergabe liegen diese Informationen nur unzureichend vor oder sind nur unter prohibitiv hohen Kosten zu erhalten.

Mit Verweis darauf, dass aus diesen Gründen ein ausreichend flexibles Marktangebot nicht zustande kommen könne, interveniert der Staat massiv. Bei den freien Berufen nutzt er ein umfassendes Instrumentarium: Zulassungsbeschränkungen, Marktabsicherung durch Vorbehaltsaufgaben, Preisregulierungen, Werbebeschränkungen und Regulierung der Eigentumsverhältnisse sowie die Unternehmenskooperation. Kurzum: Der Konsument muss vor den Folgen seiner Informationsmängel durch den umsorgenden Staat geschützt werden. Die Frage, ob es nicht originäre Antworten offener Märkte für solche Fälle geben kann, wurde lange ebenso wenig gestellt wie Kritik an der Begründung geäußert, dass es sich hier um das Angebot höherwertiger Gemeinschaftsgüter handele.

Richtig betrachtet, schützen die bestehenden Regulierungen vor allem die Anbieter. Der angebliche Schutz der Verbraucher beruht auf der Annahme, dass die Kunden überfordert seien. Wir reagieren auf diese Schwierigkeit mit dem Vorschlaghammer staatlicher Marktregulierung, anstatt das Florett eines auf objektivierte Informationsbereitstellung setzenden Verbraucherschutzes zu nutzen. Zusammen mit den Selbsthilfemechanismen des Marktes – Werbung, Gütesiegel, Selbstverpflichtungen, Informationsbörsen, spezielle Beratungsangebote – kann so auch unter den Bedingungen der Globalisierung der Qualitätswettbewerb gesichert werden. Das Verbraucherinformationsgesetz folgt, wenngleich unzureichend, diesem Gedanken. Die Marktwirtschaft lebt ordnungspolitisch von der Idee des souveränen, verantwortungsfähigen Konsumenten. Daran ändern auch die wichtigen Erkenntnisse der Verhaltensökonomik über Verzerrungen bei Konsumentenentscheidungen nichts.

Ein weiteres Beispiel zeigt, wie leicht dieser für die freiheitliche Ordnung so elementare Grundsatz ignoriert wird: Jedes Jahr zum Jahresende werden die gleichen Rituale gepflegt. Während überall die Vorbereitungen auf das Weihnachtsfest langsam in die letzte Runde gehen, wird in vielen Gärtnereien das neue Jahr vorbereitet: Als Glücksbringer werden vierblättrige Kleeblätter gezogen, die wir dann, ausstaffiert mit Schornsteinfeger, Glückspilz und Leiter, als Neujahrsgruß erwerben können. Es ist fast wie im richtigen Leben: In jedem Topf ist nur ein Schornsteinfeger, so wie in jedem Kehrbezirk auch. Doch was als Ausstattung für Neujahrsgrüße Sinn macht, das trifft in der Realität auf immer deutlicheren Widerstand.

Die Europäische Kommission hat in einem EU-Vertragsverletzungsverfahren bereits im Jahr 2001 beim deutschen Monopol für Schornsteinfeger verschiedene Verstöße gegen das Gemeinschaftsrecht – die Dienstleistungs- und die Niederlassungsfreiheit – identifiziert. Die Europäische Kommission monierte den beschränkten Zugang zum Beruf des Schornsteinfegers, ebenso dessen auf einen Bezirk begrenzte Ausübung sowie die Eintragungspflicht in eine Bewerberliste.

Ökonomisch ist die Regulierung des Schornsteinfegerberufs genau das, was mit Marktwirtschaft und Wettbewerb rein gar nichts zu tun hat. Zugleich ist es der Idealfall individueller lebenslanger Rente. Wenn man es erst einmal – durchschnittlich dauert es für Neulinge gut zwölf Jahre – geschafft hat, einen der über

8000 Kehrbezirke durch Zuweisung des Regierungspräsidenten oder verwandter Behörden zu ergattern, dann hat man ausgesorgt. Gebietsmonopol und Gebührenordnung sichern die Einkommensperspektive fundamental ab, Preis und Menge sind festgelegt. Service kann kleingeschrieben werden. Es ist der Kunde, der als Bittsteller auftreten muss.

Historisch stammt das Schornsteinfegermonopol aus dem Jahr 1935. Es ist damit Teil der umfassenden Regulierungskampagne, die unter Reichswirtschaftsminister Hjalmar Schacht in diesen Jahren Deutschland erfasste und bis heute tiefe Spuren in unserer Wirtschaftsordnung hinterlassen hat. Erst Druck aus Brüssel hat hier zu Veränderungen geführt, das bisherige Gesetz tritt Ende 2012 außer Kraft. Dies ist angesichts der Vorgeschichte beachtlich. Es zeigt aber, wie langlebig einmal beschlossene Regulierungen sind. Es zeigt ebenso, dass keiner mehr fragt, aus welchen Gründen und unter welchen Bedingungen es zu diesen Regeln gekommen ist und ob diese Rechtfertigungsgründe vielleicht entfallen sind. Interessen werden unter dem Schirm des Arguments gepflegt, wir hätten das schon immer so gemacht. Wer will da kritisch fragen? Wer macht sich die Mühe, die historischen Kontexte zu beleuchten? Diesmal haben wir Brüssel zu danken.

## Industrie in Deutschwunderland

Betrachtet man das Verhältnis der Politik zur Industrie in unserem Land, so bleibt trotz aller aktuellen Freude über deren Stärke die Frage nach einer klaren wachstumspolitischen Orientierung letztlich unbeantwortet. Die vielen Formen und Traditionen politischer Intervention in den Strukturwandel haben dazu geführt, dass ein Verständnis für dessen Muster in Deutschland lange nicht vorhanden war. Erst war alles nicht modern genug, dann schien es einfach komisch, jedenfalls sonderlich zu sein. Der Glaube und die Suche nach all den Branchen »neuer Ökonomie«, die seit Beginn des neuen Jahrhunderts medial inszeniert und politisch thematisiert wurden, haben das Vorhandene nur noch in fadem Licht erscheinen lassen. Dies war so weit verbreitet, dass man selbst in der Industrie sich mitunter der eigenen Bedeutung nicht bewusst, jedenfalls das gebotene Selbstvertrauen geschwunden war. Dies hat bedeutsame Folgen: Regierungen waren lange achtlos, wenn es darum ging, die Konsequenzen gut gemeinter Beschlüsse für die Industrie angemessen zu würdigen.

Deutschland ist unverändert eine Volkswirtschaft mit starker industrieller Prägung. Der seit rund vier Jahrzehnten laufende Prozess einer forcierten Zunahme der Dienstleistungsaktivitäten (Tertiarisierung) hat sich hierzulande nicht als scharfer und unausweichlicher Konflikt zwischen Industrie und Servicebranchen manifestiert. Heute prägt beide ein enger Verbund, sie sind Partner im Strukturwandel. Auffällig sind die Unterschiede zwischen Deutschland und anderen entwickelten Volkswirtschaften. Während Frankreich und Großbritannien mit Industrieanteilen von knapp 15 Prozent respektive gut 17 Prozent eine starke Deindustrialisierung dokumentieren, gilt dies für Deutschland mit über 25 Prozent nicht. Während sich noch bis 1995 die klassischen Industrieländer im Strukturwandel parallel bewegten, ist Deutschland seitdem ausgeschert: Die Anteil der Industrie an der gesamtwirtschaftlichen Wertschöpfung schrumpft nicht mehr, sondern entwickelt sich zuletzt sogar leicht positiv. Seit 2000 wird diese Besonderheit ergänzt um einen – wiederum im Vergleich etablierter Volkswirtschaften – auffälligen Anstieg der Exportquote. Kein Land ist so erfolgreich wie Deutschland, wenn es um die Nutzung der globalen Megatrends geht: Das gilt für die internationale Arbeitsteilung, die Urbanisierung, die Ressourcenknappheit und den Klimawandel, den technischen Fortschritt und die Informatisierung der Wertschöpfung ebenso wie für den Investitionsbedarf in die Infrastruktur.

Was uns freuen kann, irritiert andere. So wurden gerade im Umfeld der Verwerfungen in der Europäischen Währungsunion im Frühjahr 2010 Stimmen laut, die Deutschland zur Zurückhaltung im Export aufforderten und dazu höhere Löhne empfahlen. Es ist eine eigenartige Debatte, wenn man erinnert, wie in den 1990er Jahren Deutschland wegen seiner Wachstumsschwäche als »kranker Mann« Europas zum Problemfall geworden war. Deutschlands Sonderrolle resultiert freilich nicht aus kurzfristiger Lohnzurückhaltung, auch wenn das geholfen hat. Viel bedeutsamer ist der Befund, dass Positionen im Strukturwandel ursächlich oft weit zurückgehen. Dieser Hinweis mag verwegen klingen, wenn man die Anpassungswirkung der Globalisierung bedenkt. Dennoch: Die frühen Phasen der Industrialisierung zeigen im Vergleich von Deutschland und Frankreich recht klar, wohin die im beginnenden 19. Jahrhundert angelegten räumlichen Muster des Wirtschaftens bis heute weisen. Cluster und Netzwerke auf mittelständischer Basis haben hierzulande eine sehr viel höhere Bedeutung.

Cluster zeichnen sich durch eine kritische Anzahl von Unternehmen in räumlicher Nähe aus, die entweder entlang einer oder mehrerer Wertschöpfungsketten kooperieren oder die mit vergleichbarem Profil zu einer relevanten Orientierungsgröße für den Ausbau, die Qualität und die Differenzierung der Infrastruktur sowie der Bildungseinrichtungen werden. In Clustern lassen sich Überschwappeffekte technologischer Neuerungen (Spillover) leichter ermöglichen, zugleich können Verbundvorteile und Lernkurveneffekte durch Wissens-, Vorleistungs- und Produktionsnetzwerke befördert werden. Zudem ermöglicht eine Konzentration der einzelnen Unternehmen auf ihre Kernkompetenzen bei Auslagerung von Sekundärfunktionen auf Zulieferer eine verbesserte Arbeitsteilung.

Cluster und Netzwerke sind aber nicht leicht zu schaffen, sie sind oft an Voraussetzungen gebunden, die über Vertrauen und Reputation zeitlich weit zurückgreifen. Dabei mag bedeutsam sein, dass so über lange Zeit nicht nur Regionen spezifischen Wissens entstehen, sondern zugleich Regionen, in denen die Beschäftigten sich durch spezielle Einstellungen und Haltungen auszeichnen. Anders ist es kaum zu erklären, dass Studien über den internationalen Erfolg der deutschen Unternehmen immer wieder die besondere Verlässlichkeit des Leistungs-, Qualitäts- und Lieferversprechens betonen und als bedeutsames Differenzierungsmerkmal identifizieren. Eigentlich müssten regional spezifische Tugenden in Zeiten des globalen Standortwettbewerbs und der internationalen Arbeitsteilung ihre Bedeutung verlieren. Dagegen sprechen jedoch die Erfahrungen, die viele international produzierende Unternehmen mit den disparaten Kulturen an den verschiedenen Produktionsstandorten gemacht haben. Das vermag unterschiedliche Ablauforganisationen ebenso zu erklären wie spezielle technische Lösungen.

Der Erfolg der mittelständisch geprägten deutschen Industrie liegt in den Regionen begründet, die solche Verdichtungen ermöglichen. Die Industrialisierung wird heute von den Historikern nicht mehr als nationale Entwicklung begriffen, sondern als Vorgang regionaler Verdichtung und Differenzierung. Die deutsche Kleinstaaterei des 19. Jahrhunderts hat durch den Ausbau der Infrastruktur die regionale Entwicklung gestärkt, die durch die spezifischen Ressourcen und die unterschiedliche Verfügbarkeit von Arbeit und Kapital angelegt war, und eine kulturelle Differenzierung begünstigt. So hat die zum Beginn des 19. Jahrhunderts verfügte Gewerbefreiheit die regionalen Unterschiede eher verstärkt. Zugleich konnte sie so den Anfang langer Unternehmensgeschichten setzen, denn nicht selten weisen mittelständisch geprägte Industrieunternehmen bei uns eine 100, 150 oder gar 200 Jahre umfassende Historie auf.

Ein zu flüchtiger Blick der Politik auf diese besondere deutsche Position im Strukturwandel hat zur Folge, dass in Krisensituationen Gefährdungen nicht zutreffend eingeschätzt werden können.

Das kann konjunkturpolitische Überreaktionen ebenso begründen wie den irrigen Versuch, den Staat als Retter – als Wunderheiler – von scheinbar »systemrelevanten« Branchen oder Unternehmen zu sehen. Gerade die gesamtwirtschaftliche Entwicklung seit dem Herbst 2008, als die Finanzmarktkrise in die industriellen Zusammenhänge global einwirkte, hat gezeigt, was die Unterschiede im Strukturwandel bedeuten. Für die deutsche Industrie war der Einschlag besonders heftig, die Korrektur ebenso. Die Krise entpuppte sich allerdings vor allem als Wachstumspause, nicht aber als Strukturbruch. Doch anstatt das mit Selbstbewusstsein zu würdigen, haben wir in Deutschland Debatten darüber geführt, ob unser »Geschäftsmodell« als exportorientierte Industrieökonomie noch zukunftsfähig ist.

Während einiger Monate in der Krise wimmelte es nur so von Hilferufen aus Unternehmen oder gar ganzen Branchen. Geradezu ein Kaleidoskop unserer Wirtschaftsgeschichte, wenn man die Firmennamen las: Opel, Märklin, Karstadt, Rosenthal, Porsche, Schaeffler und andere mehr. Mit der Chemie und der Metallverarbeitung klagten zwei Branchen über besondere Schwierigkeiten, die eine hohe Querschnittsbedeutung für die deutsche Industrie haben. All dies stellte den Staat vor nur scheinbar einfache Fragen.

Da fand sich weit verbreitet in der politischen Klasse der fast selbstbewusste Hinweis, dass der Staat in der gegebenen Situation doch nicht nach ordnungspolitischen Prinzipien agieren könne. Besondere Umstände erforderten nun einmal besondere Maßnahmen. Zweifel an dieser Position wurden schnell als altes, unangemessenes Denken bewertet. Erstaunlicherweise wurde diese Haltung von der Mehrheit der Bevölkerung nicht als selbstverständlich hingenommen, wie es mancher Kommentar erwarten ließ. Die Zweifel am formulierten Kompetenzanspruch des Staates sind nicht selten. Ein Selbstläufer ist die staatliche Intervention jedenfalls nicht mehr.

Doch es bleibt die systematische Frage offen, nach welchen Kriterien der Staat in einer solchen Krise eingreifen kann und soll. Die Ordnungspolitik, die konsistent die Staatsaufgaben in der Marktwirtschaft beschreibt, bietet eine Strategie der Krisenprävention, nicht der Krisenheilung. Gleichwohl wäre es verfehlt, sie auszublenden. Denn das Handeln während der Krise muss die Folgen für die Zeit danach im Auge haben, es darf keine dauerhaften Verstöße gegen die Ordnungsprinzipien der Marktwirtschaft generieren.

Das eingängigste Argument für umfassende staatliche Intervention lag in der extremen Dimension der Krise begründet. Eine prinzipielle Tatenlosigkeit des Staates würde niemand als angemessen erachten. Doch welche Ratio ist dem Handeln zugrunde zu legen? Letztlich geht es darum, ob man der Einzelfallbetrachtung Raum zubilligt oder gesamtwirtschaftlich agiert. Jede Würdigung von Einzelfällen ist wie eine sektorale Industriepolitik immer mit Diskriminierung im Wettbewerb verbunden, direkt durch die Intervention und indirekt durch den meist unvermeidbaren Einsatz von Steuermitteln.

Man mag für den Einzelfall eine gute Begründung finden können, doch die Wirtschaftspolitik muss an der Überforderung scheitern, die sich aus den zugleich generierten Wünschen anderer zwangsläufig ergeben würde. Es fehlt die Kraft zur Begrenzung staatlicher Intervention, weil die wirtschaftspolitische Ratio nicht zu trennscharfen Entscheidungen führt, sondern schnell beliebig wird. Da hilft es wenig, wenn Worthülsen zur systematischen Begründung angeführt werden. Besonders beliebt ist der Verweis auf eine systemische Bedeutung einzelner Unternehmen.

Systemisch oder systemrelevant steht meist nur stellvertretend für Größe, was kein wirklich valides wirtschaftspolitisches Argument bietet. Während in der Finanzwirtschaft mit »systemisch« letztlich die Aufrechterhaltung der Funktionsfähigkeit dieses infrastrukturellen Bereichs als Ganzes gemeint ist, geht es im Bereich von Industrie und Dienstleistungen stets um spezifische Unternehmen und deren Bedeutung für Wertschöpfungsketten. Dahinter verbirgt sich eine Sichtweise, die aus der Existenz von solchen Leistungsbeziehungen auf deren Einmaligkeit und Unersetzbarkeit schließt.

Der volkswirtschaftliche Strukturwandel prägt Spezialisierungsmuster und Formen der Arbeitsteilung nicht als eiserne Verbindungen aus, die Alternativen ausschließen. Das Gegenteil ist richtig, die Anpassungsfähigkeit der Unternehmen ist ständig gefordert. Die Lektion, dass eine einseitige Bindung nicht unproblematisch ist, hatten die Zulieferer in der Automobilbranche schon durch den Lopez-Effekt in den 1990er Jahren zu lernen. Auch jetzt wird sich erweisen, dass die Flexibilität größer ist, als die Debatte um Opel vermuten ließ. Zum Strukturwandel – letztlich orientiert an den Wünschen der Konsumenten – gehören ganz ohne Wehmut Marktbereinigungen.

Das Argument der Systemrelevanz führt außerhalb des Finanzsektors in die Irre. Eine überzeugende Diskriminierung von Einzelfällen lässt sich daraus nicht ableiten, die Flut der Hilfewünsche kann deshalb nicht verwundern. Ähnlich ist es mit dem allfälligen Hinweis, die problematische Situation eines Unternehmens sei nicht selbstverschuldet und rechtfertige so staatliche Unterstützung. Wir agieren alle mehr oder weniger immer auch unter Bedingungen, die sich unserer Gestaltung entziehen, an die wir uns aber anpassen müssen, weil dies unsere Leistung fordert. Die Verantwortungsräume mögen variieren, doch vorhanden sind sie allemal. Es bleibt bei der Einsicht, dass der Staat auch in der erlebten großen Krise angemessen gesamtwirtschaftlich reagiert hat. Als Wunderheiler für alle großen und kleinen Nöte ist er jedoch nicht geeignet.

Seit dem Frühjahr 2009 krabbelt die Weltwirtschaft einigermaßen stetig aus dem tiefen Tal der Weltwirtschaftskrise heraus. Daher lautet die eigentliche Frage heute: Was steht nun an, nachdem der Weg aus der Krise erkennbar ist, die Normalisierung läuft und die Normalität fast erreicht ist? Wie wird Wachstum in Zukunft organisiert und gesichert? Nach dem erfolgreichen Bemühen ums

Überleben wird nun der Blick auf die krisenneutralen Bedingungen der Globalisierung gerichtet. Und das bedeutet nichts anderes, als verstärkt dort weiterzumachen, woran man vor der Krise schon erfolgreich gearbeitet hat: an der Stärkung der Innovationskraft und an der Profilierung der Internationalität.

Zur Exportorientierung der deutschen Wirtschaft gibt es keine Alternative. Zur Erinnerung: Im Jahr 2008 lieferten die Unternehmen gegenüber dem Vorjahr zusätzliche Waren im Wert von knapp 19 Mrd. Euro in das Ausland. Allein 4,2 Mrd. Euro davon entfielen auf zusätzlichen Export nach China und 15,3 Mrd. Euro auf die Emerging Markets (BRIC, OPEC, Ostasien). Der Export in die Eurozone verlor dagegen 2 Mrd. Euro. So richtig der Hinweis ist, dass 43 Prozent der deutschen Ausfuhr in die Länder der Eurozone gehen, richtig ist ebenso, dass die Zuwächse unseres Exports aus den dynamischen Regionen der Welt, vor allem aus Ostasien, Brasilien und Russland, resultieren. Das hat sich im Jahr 2010 so fortgesetzt.

Die Sicherung dieser Marktpositionen verlangt permanent größere Anstrengungen. Der Wissens- und Innovationsvorsprung erodiert angesichts der beispielsweise in China erreichten Qualität der Forschung schneller als früher. Die Bedeutung anderer Differenzierungsmerkmale nimmt zu. Der typische Vorteil deutscher Unternehmen beruht auf Qualitätserfahrung und kundenspezifischen Antworten. All dies kontrastiert mit einem im verarbeitenden Gewerbe erstaunlich hohen Anteil an Unternehmen, die weder forschungsaktiv noch international sind.

Empirische Studien beziffern diesen Anteil auf bis zu 40 Prozent. Darin liegen die Herausforderungen der nächsten Zeit. Wie kann es gelingen, den kleineren Mittelstand stärker zu internationalisieren? Das Unterstützungsnetzwerk dafür ist nicht schlecht, wie beispielsweise die Auslandskammern, aber auch die vielen Aktivitäten der Wirtschaftsverbände deutlich machen. Geschäftsmöglichkeiten im Ausland wahrzunehmen erfordert aber auch

Kapitalkraft. Das könnte sich infolge der Krise und der noch schwierigen Situation der Banken als größeres Problem herausstellen. Insofern greifen Krisenbewältigung und Perspektivenentwicklung ineinander.

Der Erfolg im Ausland wird ohne Innovationen nur schwer gelingen. Deshalb dürfte die allgemeine steuerliche Förderung von Forschung und Entwicklung quasi eine doppelte Rendite abwerfen (Spengel et al. 2009). Zum einen böte sie die Möglichkeit, besonders in kleineren und mittleren Unternehmen die Innovationsneigung zu stärken. Die Erfahrungen von Ländern mit einer solchen steuerlichen Förderung sind positiv. Zum anderen aber eröffnet sich dadurch der Weg zu anderen Märkten. Innovationen benötigen schließlich verlässliche Netzwerke aus Wissenschaft und Unternehmen. Eine entsprechende Forschungsprämie, die das Geld der privaten Nachfrage folgen lässt, dürfte dafür gezielte Impulse setzen.

Letztlich wird dies alles wenig nutzen, wenn die Politik den Schwenk von einer die Nachfrage stützenden Krisenpolitik zu einer die Investitionsbedingungen in den Mittelpunkt rückenden Wachstumspolitik nicht bewältigt. Die eingeleitete Konsolidierung folgt durchaus den ökonomischen Kriterien. Doch es fehlt die Bereitschaft, sich systematische Gedanken über die Staatstätigkeit zu machen. Warum wird selbst eine solide bürgerliche Mehrheit nicht konsequent in ordnungspolitisches Handeln umgesetzt? Stattdessen werden die vorhandenen Spielräume für gegenseitiges Blockieren und Ärgern genutzt. Die Ordnungspolitik, die früher durchaus eine bestimmte parteipolitische Verankerung hatte, ist in dieser Hinsicht faktisch heimatlos geworden. Die verbreitete politische Beliebigkeit schließt sie nicht aus, lässt aber nur selektive Anleihen bei ihren Konzepten zu. Darin liegt durchaus eine Chance, denn alle demokratischen Parteien haben, in Unterschieden zwar, ordnungspolitische Erwägungen in ihrer Programmatik. Teilweise gewinnt man den Eindruck, dass gerade ökologisch orientierte Kräfte einen besonderen Wert auf ordnungspolitische Konsistenz legen. Es mutet wie ein Arrivierungsversuch an, den man sich nach erreichter politischer Positionierung leisten kann.

Der Mangel an ordnungspolitischer Konsequenz, der uns durch das Buch begleitet, fügt sich freilich gut zu der identifizierten wachstumspolitischen Orientierungslosigkeit. Ohne Zögern fühlen sich Politik und Medien durch den Hinweis auf alternative Wohlstandsmaße und die Glücksforschung wie erleuchtet, dabei werden nur alte Debatten frisch aufgebrüht. Wir wissen, dass das Bruttoinlandsprodukt wie jedes Messkonzept Schwächen, Nachteile und Fragwürdigkeiten aufweist, jedenfalls nicht perfekt ist. Doch es erfasst konsistent die Wertschöpfung aller Marktaktivitäten und inputgemessen die staatlichen Dienstleistungen, vor allem reduziert es das Maß unvermeidbarer Willkür jeder Bewertung. Über die letzten Jahrzehnte sind mit jeder konzeptionellen Revision des volkswirtschaftlichen Rechnungswesens methodische Erweiterungen vorgenommen worden, um eklatante Lücken – wie bei immateriellen Anlagegütern wie Software – zu schließen; dennoch bleiben insbesondere bei der Erfassung der Haushaltsproduktion große Lücken (Sachverständigenrat 2010).

Die bisherigen Überlegungen sollten ebenso deutlich machen, dass die jüngst wieder publizistisch bewegte Frage »Was soll wachsen?« aus Sicht der Ordnungsökonomik ebenso wenig Sinn macht wie die ebenso aktuelle Forderung nach einem Nullwachstum. Beide Positionen sind mit der freiheitlichen Ordnung nicht zu verbinden, sie ignorieren, dass unter deren Bedingungen Wachstum immer qualitativ ist und seine Legitimation aus der Kompetenz sowie Souveränität des Individuums gewinnt. Es liegt an uns, ob und wie die Regeln gestaltet werden, um die individuelle Freiheit durch Selbstverantwortung und Mitverantwortung zu disziplinieren.

Ein in diesem Sinne höchst aktuelles und höchst bedeutsames Thema ist die Energiepolitik. Denn hier fühlt sich der Staat nicht nur aus Tradition, sondern aufgrund der langfristigen Folgen heutiger Entscheidungen, der großen Kapitalerfordernisse und der individuell häufig nur schwer versicherbaren Risiken zu umfangreicher Intervention berufen. Zugleich definiert die Art und Weise der Energieproduktion den Wohlstand im Industrieland Deutschland auf elementare Weise. Die Bundesregierung hat im Herbst 2010 dazu erstmals nach Jahrzehnten ein energiepolitisches Konzept vorgelegt. Das allein ist ein Fortschritt. Dennoch bleibt viel Unbehagen, weil entscheidende Fragen nicht adressiert und Zusammenhänge ignoriert werden.

Deutschland ist durch seine Industrieprägung stärker mit energieintensiven Branchen ausgestattet als viele vergleichbare Volkswirtschaften. Umso beachtlicher ist die Tatsache, dass Deutschland in puncto Energieeffizienz auf Platz vier in der Welt rangiert. Man mag unsere Verantwortung auch durch eine Vorbildfunktion begründet sehen, der Welt die energiepolitische Transformation eines Industrielandes als machbar vorzuführen. Doch dies setzt voraus, dass die Energiewende zu den erneuerbaren Energien allen Ansprüchen der Wirtschaftlichkeit genügt. Das ist angesichts von Einspeisevorrang und Garantiepreisen, angesichts des Booms der Photovoltaik sowie angesichts der ausschließlichen Förderung von Skaleneffekten vorhandener Technologien sicher nicht der Fall.

Es hilft auch wenig, wenn der Gegensatz aus Energiegroßproduktion konventioneller Art und heimelig-romantischer Energieproduktion aus erneuerbaren Quellen politisch bewirtschaftet wird. Die Wahrheit lautet, dass der Abschied aus der Dominanz fossiler Energieträger insbesondere über Offshore-Windanlagen nur mit großtechnischen Anlagen überhaupt gelingen kann. Damit verbinden sich zwei große Herausforderungen: Einerseits kann die Energiewende nur gelingen, wenn ein forcierter Ausbau der europäischen Netzinfrastruktur und der Speicherkapazitäten gelingt, um so weit wie möglich fluktuierende Energieproduktion ausgleichen zu können. Das wird auf viele Widerstände stoßen, weil die Wohnbedingungen vieler Menschen durch den Netzausbau tangiert werden. Unausgesprochen ist ebenso die gebotene europäische Energiesolidarität, auf die die Bundesregierung mit der Hoffnung hinreichender Überproduktion von Energie in den anderen EU-Staaten setzt. Solarstrom aus dem Süden, Windenergie aus dem Norden und Atomstrom aus Frankreich – eigentlich eine hübsche Idee, nur hat jemand die anderen auch gefragt? Andererseits muss die sich mit der Energiewende verschiebende Ressourcenfrage von fossilen, aber nicht knappen Brennstoffen zu mitunter recht knappen Nichteisen-Metallen wie seltene Erden durch eine nationale, wenn nicht globale Strategie zur Sicherung der Ressourcenverfügbarkeit begleitet werden. Das angesprochene Verhalten Chinas mahnt uns zur Vorsicht.

Diese und andere Aspekte werden meist nicht im Kontext gesehen. Egal wie gestaltet, die energiepolitischen Entscheidungen unserer Zeit werden auf lange Sicht die Möglichkeiten unserer wirtschaftlichen Entwicklung bestimmen. Träume und Wünsche, wie sie dem Energiekonzept der Bundesregierung durch optimistische Annahmen zugrunde liegen, dürfen dabei nicht die Richtung angeben. Wer will vom einzelnen Bürger Mitverantwortung einfordern, wenn die Grundlage dieser Forderung unrealistisch ist? Wer will erfolgreich international den Vorreiter geben, wenn die Gefährdungen für die eigene Industrie über Energiesteuern leichtfertig übergangen werden? Wer will Zustimmung zu einem Konzept gewinnen, wenn wir nicht auf eine technikoffene Förderung setzen und kaum ausreichend Mittel für eine breit angelegte Energieforschung zur Verfügung stellen? Das Verbot von Glühbirnen, wie es europaweit ab 2012 für alle Typen gelten wird, ist jedenfalls nicht vom Zutrauen der Politik in die Mitverantwortung des Einzelnen getragen.

Alles in allem aber gilt: Wenn wir den Impulsgeber des Strukturwandels – die Industrie im Verbund mit unternehmensnahen Dienstleistern – ernst nehmen und die Wirtschaftspolitik auf das konzentrieren, was sie am besten kann – nämlich das Setzen kluger Regeln und die technikoffene Förderung von Forschung und Entwicklung –, dann hat die deutsche Volkswirtschaft gute Chancen auf einen längeren Pfad stabilen Wachstums. Dafür spricht die etablierte Spezialisierung in der weltweiten Arbeitsteilung. Damit es gelingt, sind freilich weitere bedeutsame Voraussetzungen zu erfüllen, und zwar in der Nach-Krisenpolitik, bei der Weiterentwicklung der Europäischen Währungsunion und mit zukunftsorientierten Strategien für Beschäftigung und Bildung. Darum soll es im Weiteren gehen.

# 3. Die Finanzkrise als Wachstumspause

Die Finanzkrise ist heute schon Gegenstand der Legendenbildung. Das beginnt mit der unreflektierten Feststellung, dass diese spontane und systemische Unordnung unserer wirtschaftlichen und politischen Verhältnisse einzig und allein unregulierten Märkten und wild gewordenen Spekulanten zu verdanken sei. Die eigentliche Erschütterung folgt aber aus der Erkenntnis, dass es gerade der regulierte Bereich des Finanzsystems war, der zum Epizentrum des Geschehens wurde. Wer das ignoriert oder gar negiert, der wird die richtigen Antworten nicht finden und sich stattdessen in schlichten, aber irreführenden Lösungen ergehen. Gesucht sind intelligente Regulierungen, die Risikostrategie und Risikoverteilung adressieren, nicht aber schlichte Verbote, die das Finanzsystem behindern. Denn: Niemand leugnet den Bedarf eines hocheffizienten Finanzsystems, wenn es darum geht, die großen Investitionsbedarfe – sei es beim Ausbau erneuerbarer Energien, der Steigerung der Ressourcenproduktivität oder bei der Entwicklung einer nachhaltigen Infrastruktur – zu ermöglichen.

Die Legendenbildung setzt sich fort mit der mit großer Emphase vorgetragenen Behauptung, dass alles für jeden vorhersehbar gewesen sei, es nur eines klaren Blickes bedurft hätte. Daran schließt sich die Behauptung an, dass man selbst es natürlich habe kommen sehen und nur keiner zugehört habe. Ich gebe ohne Zögern zu, dass ich diese prophetische Gabe der Weitsicht nicht besaß. Ich bin allerdings der Überzeugung, dass dies kein Grund zu Scham und Schande ist. Als Ökonom versucht man sich in systematisch angelegten Vorhersagen künftiger wirtschaftlicher Entwicklung. Man bindet theoretische Einsicht mit Erfahrung und dem aktuellen empirischen Befund zusammen. Das hat nichts mit Prophetie zu tun, die den Anspruch erhebt, die Zukunft bereits erspäht zu haben.

Der Rückblick auf die Genese der Krise in den Finanzmärkten, ihre Eskalation zur Wirtschaftskrise und die Beruhigung derselben lassen nicht nur erkennen, wo es wie und wann zu Unwuchten und Fehlentwicklungen kam, sondern auch, dass es keine Zwangsläufigkeiten gab (Financial Crisis Inquiry Commission 2011). Nicht jede Eskalationsstufe war in der vorherigen zwingend angelegt, sondern oft Folge konkreten politischen Handelns oder Unterlassens. Lernen können wir dabei ebenso, wie begrenzt für Akteure des Finanzsystems die Prognosekompetenz ist und dass Fehleinschätzungen nicht zu vermeiden sind. Das verlangt Demut. Allerdings schärft es auch das Sensorium für tief gehende Verwerfungen.

So wie keine Zwangsläufigkeit wirkt, so gibt es auch keine Wiederholung historischer Muster. Zwar wurde die Große Depression der 1930er Jahre nicht zu Unrecht als Folie gesehen, auf der wir die Krise unserer Zeit interpretieren können. Es gab durchaus beachtliche Ähnlichkeiten: Beide Krisen nahmen in den USA ihren Ausgang, und beide waren verbunden mit einer Übersteigerung von Vermögenswerten infolge expansiver Geldpolitik. Die wirtschaftliche Dynamik war jeweils hoch, seinerzeit angeregt durch neue Produktionsweisen (»fordistisches Wachstumsmodell«), heute durch Basisinnovationen in der Informations- und Kommunikationstechnologie. In beiden Krisen kam es zu einem scharfen Einbruch der Industrieproduktion. Die Kurseinbrüche an den Aktienmärkten waren in ihrer Verfallsdynamik ebenfalls vergleichbar.

Doch darüber hinaus bestehen fundamentale Unterschiede (Hüther, Grömling, Jäger, Kroker 2009): Die Große Depression des vorigen Jahrhunderts kann nur als multiple Krise – Währungskrise, Handelskrise, Agrarkrise, Reparationskrise und Bankenkrise – verstanden werden, die in der Destabilisierung politischer wie wirtschaftlicher Zusammenhänge am Ende des Ersten Weltkriegs sowie in einem eklatanten Mangel an globaler Führung und Gemeinsamkeit ihre tiefere Erklärung finden. Und während die Große Depression mit einem Börsencrash begann, der schnell realwirtschaftliche Konsequenzen hatte, und erst ab 1931 eine Bankenkrise erlebte, stand diesmal zu Beginn eine Krise an den Kreditmärkten.

## Als der Optionswert des Wartens eskalierte

Mit der Insolvenz der Investmentbank Lehman am 15. September 2008 wurde über eine Misstrauensinfektion aus der Krise an den Kreditmärkten eine Weltwirtschaftskrise. Spontan war überall Unordnung in den wirtschaftlichen Verhältnissen zu spüren (Financial Crisis Inquiry Commission 2011, S. 353 ff.). Panik beherrschte nicht mehr nur das Börsenparkett, sondern die Welt der industriellen Arbeitsteilung. Schockartig schienen alle Wege geordneter Finanzierung fragwürdig. Es offenbarten sich täglich neu die intransparenten Risikonetze zwischen den Bankbilanzen. Systemisches Risiko und moralisches Risiko entfalteten eine dramatische Hebelwirkung. Der beste Ratschluss hieß: Nichts tun! Der Optionswert des Wartens eskalierte. Der weltweite Absturz der Aufträge für Industriegüter vom Oktober 2008 an macht dies anschaulich, während bis dahin die Auftragseingänge und andere Konjunkturindikatoren lediglich eine ganz gewöhnliche rezessive Bereinigung für das Jahr 2009 angekündigt hatten.

Diese Deutung der Krise als eruptiven Vorgang mit längerer Vorgeschichte im Finanzsystem war durchaus nicht unumstritten. Ebenso fand sich die Interpretation der Krise als Folge einer globalen Überinvestition aufgrund übertriebener Steigerung der Kreditvolumina seit den 1980er Jahren. Dies habe zu einer Fehlspezifikation in der internationalen Arbeitsteilung geführt, die vor allem Industrieländer wie Deutschland nun und künftig belaste. Die Korrektur der Über- und Fehlinvestitionen würde auf lange Sicht die weltwirtschaftliche Dynamik erheblich mindern, weil der global überdimensionierte und fehlspezifizierte Kapitalstock einer tiefgreifenden Umgestaltung bedürfe. Waren schon in der Krise berechtigte Zweifel an dieser Deutung angebracht, so erweist sich die schnelle und anhaltende Erholung der industriellen Arbeitsteilung als bedeutsamstes Gegenargument. Die große Krise der spontanen und systemischen Unordnung erscheint immer deutlicher als Wachstumspause, nicht aber als globaler Strukturbruch für die internationale Arbeits- und Wissensteilung. Die Megatrends im Strukturwandel tragen wieder wie vor der Krise. Jetzt sind die deutschen Unternehmen wieder Ausgangspunkt zahlreicher Wertschöpfungsketten, die die ganze Welt umspannen. Damit haben sich die organisch gewachsenen industriellen Strukturen Deutschlands als anpassungsfähig und robust erwiesen. Doch zurück zur Krise und zur Krisenreaktion der Politik.

Die Politik jedenfalls stand vor der Frage, ob, wie und wann sie handeln sollte. Für die große Mehrzahl der Ökonomen stand außer Zweifel, dass nun gehandelt werden musste. Die Krankheit hatte ein gänzlich neues Stadium erreicht, allein auf Selbstheilung zu setzen wäre in der Tat unverantwortlich gewesen. So haben die Regierungen global gehandelt: Im Grundsatz alternativlos, in der Sache angemessen, in der internationalen Koordination zügig und konsistent. Ein stärkeres Haltsignal für die Misstrauensepidemie an den Weltfinanzmärkten konnte im Oktober 2008 nicht gesendet werden. Während die Geldpolitik schon seit längerem durch Liquiditätsbereitstellung und globale Abstimmung die Lehren aus der Weltwirtschaftskrise reflektierte, hat so die Regierungspolitik dokumentiert, ebenfalls die maßgebliche Lektion der 1930er Jahre gelernt zu haben. Es war eine Sternstunde nationaler Verantwortungsübernahme in internationaler Perspektive.

Die Finanzmarktrettungspakete im Oktober 2008 waren der erste wichtige Schritt, die Konjunkturprogramme im Frühjahr 2009 der zweite. Natürlich widersprechen beide Aktionen der reinen Ordnungspolitik. Das gilt ebenso für die expansive Geldpolitik, die mit vergleichbarem Handeln unter anderen Umständen in den Vereinigten Staaten zur Krise maßgeblich beigetragen hat. Die Ordnungspolitik allerdings, darauf habe ich bereits hingewiesen, ist gerade keine Krisenpolitik. Vorgänge spontaner und systemischer Unordnung kommen dort nicht vor. Die eigentliche Aufgabe besteht darin, den Übergang in die Normalität als ernste Herausforderung anzunehmen. Denn gegen einen wieder restriktiveren Kurs zur Normalisierung wird gerne eingewandt, dass es dafür doch zu früh sei. Umso bedeutsamer ist die verfassungsrechtliche Schuldenbremse, die genau zum richtigen Zeitpunkt für die wirtschaftliche Normallage den Abschied von Keynes ausgerufen hat. Um keinen Zweifel zu lassen: Keynes wird jetzt für das in Anspruch genommen, was sein Erfahrungsgrund der Großen Depression in den 1930er Jahren angeregt hat: Optionen einer Krisenpolitik bei spontaner und systemischer Unordnung (Keynes 1936). Nehmen wir also Keynes den Keynesianern endlich weg. Die Dauernutzung der Fiskalpolitik, darauf hat schon Karl Schiller 1985 anlässlich seiner goldenen Promotion hingewiesen, war eine Fehlnutzung! An deren langfristigen Folgen in den Haushaltsstrukturen leiden die Staatshaushalte global, zugleich erschwert sie die notwendige Reaktion in Zeiten großer Krisen.

Wäre das fürs Erste geklärt, dann stehen wir vor der zumindest ebenso gewichtigen Herausforderung, die Lektionen der Krise im Bereich der Finanzmarktregulierung und Finanzmarktaufsicht zu lernen. Es ist daran zu erinnern, dass die Krise gerade im regulierten Bereich des Finanzsystems – bei den Banken – eskalierte und nicht irgendwo in grauen Märkten auf den Cayman Islands. Zugleich macht der Blick auf die Entwicklungen, die zur Krise führten, deutlich, wie an verschiedenen Stellen der Problemkette den Staat als Akteur oder als Regulator maßgeblich Verantwortung trifft. So etwa am Anfang der Kette, der durch massive Eingriffe des amerikanischen Staates zur Subventionierung von Hypotheken gekennzeichnet ist. Hier haben die halbstaatlichen Hypothekenrefinanzierer Fannie Mae und Freddie Mac mit einer expansiven Geldpolitik sowie unzureichenden Haftungsregeln zusammengewirkt. Zudem war der Markt für private Wohnimmobilien durch politisch subventionierte Nachfrage bei politisch beschränktem Angebot gekennzeichnet. Denn der noch von Präsident Carter eingeführte und von Präsident Clinton verschärfte »Community Reinvestment Act« (CRA) verlangte von Banken, dass sie vergünstigte Kredite bevorzugt in ihren »local communities« und zugunsten der »economically disadvantaged« einsetzen (Financial Crisis Inquiry Commission 2011, S. 443 ff., dissenting statement by P. Wallison et al.). Gleichzeitig sorgte die Politik dafür, dass das Angebot an Immobilien durch »land-use regulations« in vielen »local communities« knapp blieb.

Die Geldpolitik der Federal Reserve folgte bewusst dem Ziel, Vermögenswerte zu schaffen: »I was aware that the loosening of mortgage credit terms for subprime borrowers increased financial risk. But I believed then, as now, that the benefits of broadened home ownership are worth the risk«, so der damalige Chairman Alan Greenspan in seinen Memoiren (2007). Dass die amerikanische Notenbank Federal Reserve ihren expansiven Kurs aber nicht nur freiwillig eingeschlagen hat, wurde von Greenspan bei einer Anhörung des US-Kongresses im April 2010 zugegeben. So sei die Leitzinssenkung 2003 ohne seine Zustimmung und auf politischen Druck hin erfolgt. Im Bericht der US-Untersuchungskommission heißt es dazu: »In testimony to the Commission, former Fed chairman Greenspan defended his record and said most of his judgements had been correct. ›I was right 70 % of the time but I was wrong 30 % of the time‹, he told the Commission. Yet the consequences of what went wrong in the run-up to the crisis would be enormous« (Financial Crisis Inquiry Commission 2011, 23). Das sollte manche zu Demut und Ruhe veranlassen, die vor der Krise ohne Unterlass mit Verweis auf die Fed und deren »moderne Strategie« eine expansivere Geldpolitik der Europäischen Zentralbank gefordert hatten.

Für uns in Deutschland schließt sich die Frage an, warum unsere Finanzaufsicht es nicht untersagt hat, Engagements im Verbriefungsmarkt außerhalb der Bilanz abzuwickeln und damit die Fristentransformation zu überdehnen. Diese und ähnliche Aspekte machen deutlich, dass es um sehr konkrete Probleme der schon bestehenden Regulierung geht – und keineswegs darum, völlig unregulierte Märkte erstmals zu regulieren. Die öffentliche Rede vom grundsätzlich neuen Ordnungsrahmen, dessen es für die Finanzmärkte bedürfe, ist deshalb irreführend und schädlich. Denn einerseits läuft man Gefahr, mit Verboten allgemeine Antworten zu geben, wo differenzierte Lösungen gefordert sind. Andererseits verbaut man sich damit die Chance, den heilsamen Lernprozess der Märkte zu nutzen und diesen gezielt zu befördern. Die Verbriefungsindustrie hat mit der True Sale Initiative in Deutschland beispielsweise angemessene Standards entwickelt. Dem muss nun eine Chance gegeben werden. Intransparente, weil hochkomplizierte und komplexe Produkte werden sich ohnehin nicht mehr so leicht verkaufen lassen.

Die Krise als Chance zu begreifen heißt auch, Überfälliges – wie die Konsolidierung der Landesbankenszenerie – endlich zu tun. Es heißt zudem, Stereotype im Diskurs aufzugeben. Zu nennen wäre der enervierende Streit um die Drei-Säulen-Struktur des Kreditgewerbes ebenso wie die ausschließende Gegenüberstellung von bankbasierter und marktbasierter Finanzierung von Unternehmen. Die Ökonomen sind gefordert, ihre zunehmende professionelle Verengung auf eine rein formale Theorie ohne Institutionen zu überprüfen. Nicht nur die Politik muss den Blick nach vorne richten.

Da die spezifischen Regelwerke für die Finanzmärkte und ihre Akteure keine strafrechtliche Bewandtnis haben, bedarf es einer besonderen Aufsicht. Nur so kann die Einhaltung der Regeln effektiv geprüft und eingefordert werden. Die Finanzaufsicht hat – wie die Banken und die Ökonomen – mit dieser Krise ihr Waterloo erlebt. Die angestrebte Krisenprävention hat nicht funktioniert, weltweit haben die Aufsichtsbehörden die Potenziale des Unheils verkannt. Wer nach neuen Regeln sucht, der muss deshalb zugleich deren Umsetzbarkeit durch die Aufsicht beachten.

In Deutschland hat sich politisch die Kritik an der Aufteilung der Beaufsichtigung zwischen Bundesbank und Bundesanstalt für Finanzdienstleistungsaufsicht (BaFin) festgemacht. Daran hat es jedoch nicht gelegen (Hartmann-Wendels, Hellwig, Jäger 2009). Zwar klagen die Banken gelegentlich darüber, dass nicht klar sei, an wen man sich bei aufsichtsrechtlichen Fragen und Einschätzungen zu wenden habe. Doch das lässt sich klären. Die Aufsichtsrichtlinie ist in der Abgrenzung der Zuständigkeiten zwischen beiden Häusern eindeutig.

Entscheidend sind Kompetenzausstattung und Analyseperspektive der Aufsicht. Denn nach dem zweiten Basler Abkommen ist die Eigenkapitalunterlegung stärker an der individuellen Risikosituation einer Bank zu orientieren, beispielsweise durch genau auf den einzelnen Kredit zugeschnittene Risikogewichte. So muss die Aufsicht bei der Analyse und der Beurteilung der von einer Bank eingegangenen Risiken viel mehr ins Detail gehen als zuvor. Je mehr sie dabei von den Informationen der Bank abhängt, umso größer sind die Anreiz- und Kontrollprobleme, die sich ergeben.

Banken nutzen – wegen unvollkommener Kapitalmärkte und bedeutsamer Informationsasymmetrien trotz Modigliani-Miller-Theorem zur Irrelevanz der Kapitalstruktur – alle Möglichkeiten, für ihre Geschäfte teures Eigenkapital zu sparen. Dies gelingt durch die Ausnutzung von Ermessensspielräumen in der Zuweisung einer Anlage zum Handelsbuch oder zum Bankbuch. Ersteres verringert die geforderte Eigenkapitalunterlegung. So muss es nicht wundern, dass die Banken ihre Anlagen in hypothekengesicherten Wertpapieren dem Handelsbuch zugeordnet hatten. Ökonomisch ergibt der Ermessensspielraum keinen Sinn. Im Gegenteil, er hat dazu beigetragen, dass das Eigenkapital bezogen auf die Aktiva viel zu gering war. Die Bankenaufsicht hat dieses Problem der Regulierungsarbitrage nicht genügend adressiert. Als Schwachstelle hat sich ferner erwiesen, dass die Aufsicht die den Banken durch *Basel II* offerierte Möglichkeit, mit eigenen Risikomodellen zu arbeiten, nicht durch entsprechende Modell- und Methodenkompetenz beantwortet hat. Man war vielfach ausgeliefert. Die Stärkung dieser Kernkompetenz in der Aufsicht ist dringlich. Hier sollte eine externe wissenschaftliche Kommission – analog der Monopolkommission – die Transparenz und Unabhängigkeit der Aufsicht erhöhen.

Ein starkes Defizit in der Aufsichtspraxis war und ist die Einzelinstitutsorientierung und damit die Vernachlässigung von systemischen Zusammenhängen. Eine Bank mag für sich betrachtet alle Auflagen erfüllen, doch ein Risiko kann aus der Parallelität der Geschäftsstrategien mehrerer systemrelevanter Banken resultieren. Bei allen Problemen, die damit verbunden sind, muss es der Bankenaufsicht künftig gelingen, systemische Risiken besser zu erkennen. Das setzt eine Verbesserung der Datenlage, ebenso eine kritischere Würdigung der Risikostrategien der Banken und nicht unerhebliche Forschungsarbeit voraus. Vor allem aber: Wir brauchen eine unabhängige Finanzaufsicht mit Rückgrat. Denn die von der Bundesregierung mit Blick auf das moralische Risiko bei systemrelevanten Banken zu Recht beschlossene Möglichkeit, Banken zu restrukturieren oder ganze Geschäftszweige abzuspalten, setzt eine gleichermaßen kompetente und handlungswillige Aufsicht voraus. Doch hier schweigt die Bundesregierung, offenbar liegt ihr viel an einer weisungsgebundenen Aufsicht, wie etwa beim Verbot von ungedeckten Leerverkäufen im Mai 2010 zu erleben war. Sorge machen Pläne, mit der Zusammenführung von Bundesbank und BaFin (sogar unter Einschluss des Bankenrettungsfonds Soffin) die Zentralbank teilweise der Rechts- und Fachaufsicht des Bundesfinanzministeriums zu unterstellen. Das wäre nun in jeder Hinsicht das, was wir nicht brauchen.

Es ist verschiedentlich und zu Recht argumentiert worden, dass die krisenhafte Entwicklung mit einer Aushebelung des Haftungsprinzips zu erklären ist. Ob durch die vollständige Verbriefung der Hypotheken, die fehlende Gewährleistung für strukturierte Papiere oder die mangelhafte Rechenschaftspflicht der Ratingagenturen – immer wurde möglich und effektiv versucht, Haftung auszuschließen. So erhebt sich die Frage, ob die Entwicklung der Finanzwelt zu einem Hort der Fremdschädigung nicht sogar unvermeidbar war.

Was in der Industrie zur Mehrung des Wohlstands führt, nämlich die zunehmende nationale wie internationale Arbeitsteilung, das scheint im Finanzsystem zum Kern des Problems zu führen. Die Zerlegung und Neustrukturierung von Wertschöpfungsketten sowie das Knüpfen von Vorleistungs-, Produktions- und Wissensnetzwerken bilden in der Industrie die Grundlage der Wettbewerbsfähigkeit. Gerade dadurch gelingt es, die Produkte kundenorientiert zu differenzieren und dennoch preislich attraktiv zu sein. Die Wertschöpfungsketten sind aber zugleich wirksame Haftungsketten.

Anders stellt sich dies in der Finanzwirtschaft dar. Hier bedeutet Arbeitsteilung zugleich fortschreitende Risikoteilung, was manche in der Vergangenheit irrtümlich mit einer Minderung des Gesamtrisikos gleichgesetzt haben. Eine Aufteilung von Risiken kann indes nur dazu beitragen, die Dimensionen der verschiedenen Risikoattribute transparenter und damit besser einschätzbar zu machen. Dies ist von hohem Wert, weil dadurch eine Verteilung der unterschiedlichen Risikoattribute auf geeignete Kapitalgeber möglich wird.

An dieser Stelle liegt allerdings das zentrale Problem verborgen. Denn die Zerlegung von Risiken funktioniert – anders als die Zerlegung industrieller Wertschöpfungsketten – nur dann, wenn nicht zugleich die Anreize geschwächt oder gar aufgelöst werden, das Risikogrundgeschäft in der notwendigen Form verantwortlich im Auge zu behalten. Die gesamte Kette der Finanzierung – Auswahl und Inspektion (Screening), Vertragsdesign, Finanzmittelbeschaffung und Bewachung (Monitoring) – muss letztlich immer vom ersten Akteur, dem Kreditgeber, geleistet werden.

Wer die verschiedenen Funktionen auseinandernimmt und auf unterschiedliche Institutionen verteilt, gibt den Beteiligten die Möglichkeit zur Haftungsvermeidung. So erhöht eine für die Entwicklung und Stärkung der Unternehmensfinanzierung wichtige Innovation wie die Verbriefung die Gefahr systematischer Fehler. Nicht wenige Beobachter sehen in dieser Entwicklung, die sich in Zweckgesellschaften außerhalb der Bankbilanzen ihren Ausdruck verschaffte, nur eine weitere Degeneration des Prinzips Verantwortung infolge einer Entpersonalisierung, wie sie sich seit jeher vor allem mit Kapitalgesellschaften und Investmentgesellschaften verbindet.

In beiden Fällen sind Macht und Einfluss des Eigentümers einer Forderungsposition oder eines Kapitalanspruchs von der Verantwortung für das entsprechende Management getrennt. Finden wir deshalb hier eher eine Gefahr für die Stabilität des Finanzsystems als die notwendige und gewünschte Mobilisierung von Effizienz? Tatsächlich sind wichtige Unterschiede zu beachten. Kapitalgesellschaften stehen für eine unvermeidbare Objektivierung im globalen Kontext, der Haftungsgrundsatz ist nicht durch eine Verwischung von Zuständigkeiten in Frage gestellt. Regeln für die Governance solcher Gesellschaften heilen wirksam Probleme.

Delegation von Verantwortung, wie sie durch Kapitaleigner stattfindet, bedeutet im Grundsatz nicht, dass damit die Haftung ins Nichts verschoben wird. Genau das aber ist bei der Verbriefung der Hypotheken geschehen. Die notwendige Suche nach einer klugen Regulierung führt nicht zu Verboten innovativer Finanzprodukte. Denn dies wäre ungenau. Es würde Effizienzpotenziale verschenken, und der Regulierer verausgabte sich in einem nicht zu gewinnenden Wettlauf zwischen Hase und Igel. Viel spricht stattdessen für einen obligatorischen Selbstbehalt bei derivaten

Finanzprodukten, so dass die Urheber solcher Produkte ebenso wie die »Zwischenhändler« einen bestimmten Prozentsatz auf eigene Rechnung behalten müssen. Das würde die Haftungskette stärken. Auf europäischer Ebene sind als Selbstbehalt bei Verbriefungsprodukten 5 Prozent fixiert, die Bundesregierung setzt sich für 10 Prozent ein, was wirksamer sein dürfte.

Von dieser Linie der praktischen Vernunft ist die Bundesregierung im Sommer 2010 voller Tatkraft abgewichen, wie die geplante Einführung einer Finanzmarktsteuer sowie das Verbot von Leerverkäufen und nackten Ausfallversicherungen belegen. Offenbar galt nun Schnelligkeit vor Gründlichkeit. Die Finanzmarktsteuer lässt nicht mehr nur Attac-Anhänger jubeln. Bis weit in das bürgerliche Lager hinein reicht die Zustimmung. Dabei bleibt unklar, welches Problem damit eigentlich gelöst werden soll. Denn die Forderung, der Finanzmarkt müsse nun endlich gezähmt werden, findet in einer solchen Steuer keine wirksame Antwort. Die Fehlsteuerungen der Märkte haben damit zu tun, dass dem Haftungsprinzip nur unzureichend Geltung verschafft ist. Dies gilt für die Verbriefung von Krediten ebenso wie für jede Finanzinnovation. Der generelle Selbstbehalt, der die Konstrukteure oder Urheber solcher Papiere immer in der Haftung lässt, schafft hier, wie skizziert, Abhilfe. Welchen Beitrag soll dabei eine Finanzmarktsteuer leisten?

Offenbar wird nicht bedacht, dass eine solche Steuer wie jede andere in der Erhebung praktikabel sein muss. Das wird dazu führen, dass einfach zu erfassende Transaktionen besteuert werden, nicht aber jene, die außerhalb von Märkten im fahlen Licht der Intransparenz stattfinden. Man trifft am Ende denjenigen, der für sein Alter spart und dafür noch steuerlich begünstigt wird. Warum ist man nicht ehrlich und gibt zu, worum es einzig und allein geht: um Steuermehreinnahmen?

Sowenig die Finanzmarktsteuer – ob sie nun als Transaktions- oder Aktivitätssteuer daherkommt – ihr vorgebliches Ziel erreicht, so wenig ist dies beim Verbot ungedeckter Leerverkäufe und nackter Ausfallversicherungen der Fall. Dieses Verbot folgt dem allgemeinen Klagelied über Spekulanten, die keiner kennt, aber allen per se suspekt sind. Dabei machen Spekulanten allenfalls Wind, legen aber nicht das Feuer. Des Volkes Unwohlsein mit der Intransparenz der Kapitalmärkte wird zur Richtschnur des Politikhandelns, statt dass man aus besserem Wissen für Aufklärung sorgt. Leerverkäufe, das zeigen Studien zu den Wirkungen von Verboten in den vergangenen Jahren, erhöhen die Liquidität des Marktes und dämpfen die Preisausschläge.

Diese Erfahrung konnten auch das Karlsruhe Institute of Technology, das Institut der deutschen Wirtschaft Köln und das *Handelsblatt* als Betreiber der Prognosebörse auf eix.handelsblatt.com machen. Das von vielen Nutzern geforderte Zulassen von Leerverkäufen führte genau zu den erwähnten Effekten. Die Pessimisten auf den Märkten, die ansonsten durch ihren jeweiligen Bestand an Wertpapieren in ihren Verkaufsabsichten begrenzt werden, erhalten durch Leerverkäufe zusätzliche Optionen. Der Markt wird dann nicht durch die Optimisten – die Käufer – dominiert, was die Volatilität der Preise reduziert und die Gefahr von Preisblasen mindert.

Die Börsen haben auf das deutsche Verbot von Leerverkäufen rational reagiert. Wer dies tut, der wird mehrfach bestraft: für den eigentlichen Fehler und den Verzicht auf zusätzliche Informationen, die solche Transaktionen ebenso wie nackte Ausfallversicherungen ansonsten liefern; durch den Bedeutungsverlust dieses Marktes und zudem durch die Schädigung der Finanzaufsicht. Wer zur Begründung auf die mit Leerverkäufen möglichen Manipulationen verweist, beispielsweise durch Wetten gegen ein Unternehmen, der vergisst, dass solche Aktionen Insiderwissen voraussetzen, was freilich längst strafbar ist. Das wiederum erinnert uns daran, wie bedeutsam eine effektive Finanzaufsicht ist.

## Missglückte Suche nach wertvollen Informationen

Schwere Krisen – gekennzeichnet durch spontane Unordnung und systemische Panik – resultieren neben wirtschaftspolitischem Versagen vor allem aus endogenen Fehlsteuerungen des ökonomischen Systems, die auf Mängeln der Informationsbereitstellung und der Informationsverarbeitung beruhen. Anders gesagt: Die ökonomischen Krisen der Wissensgesellschaft sind Krisen des Wissensmanagements, wobei auf Märkten für Vertrauensgüter asymmetrische Informationsverteilungen mit Fehlbewertungen zusammenwirken. Dies gilt für die Schuldenkrise in Lateinamerika in den 1980er Jahren, für die Ostasienkrise in den 1990er Jahren, für die Implosion der New Economy zum Beginn des neuen Jahrtausends und ebenso für die große Krise 2008/2009.

Konsequenterweise wurde jeweils versucht, neue Informationssysteme zu etablieren oder die Glaubwürdigkeit bestehender Leistungsversprechen zu verbessern. Auf die lateinamerikanische Schuldenkrise wurde mit dem *Washington Consensus* geantwortet, der die Verpflichtung zu einer marktwirtschaftlichen Politik konkretisierte. Infolge der Ostasienkrise wurde mit *Basel II* – Eigenkapitalunterlegung bei erweitertem Risikobegriff, bankaufsichtliche Überprüfung, erhöhte Offenlegungspflichten – reformiert. Die Finanzmarktkrise zur Jahrtausendwende beschleunigte die Einführung der *International Financial Reporting Standards.* Auf die große Krise 2008/2009 wurde vor allem mit neuen Regeln für Verbriefungen, einer Aufsicht für die Ratingagenturen, verbesserten Eigenkapitalunterlegungsvorschriften *(Basel III)* sowie neuen Handlungsoptionen für die Finanzaufsicht (Restrukturierungsoption) reagiert.

Die Hoffnung auf eine Vermeidung künftiger Krisen wird mit der Verbesserung der Informationssysteme und der Bewertungsgrundlagen begründet. Dabei zeigt schon die Auflistung bisheriger Maßnahmen, dass es immer Optimierungsversuche sind, deren Anpassungsfolgen fragwürdig oder gar kontraproduktiv sein können und damit neue Regulierungsaufgaben stellen. Mitunter entsteht der Eindruck, dass die angestrebte Objektivierung der Informationsverarbeitung menschliche Wertung und damit individuelle Kenntnis sowie Erfahrung überflüssig mache. Im Grunde findet sich hier die gleiche Idee wieder, die im Mittelpunkt der Kontroverse zwischen den bedeutenden Ökonomen Ludwig von Mises (1922) und Oskar Lange (1936/1937) in der ersten Hälfte des 20. Jahrhunderts stand: Kann man bei vollständiger Informationslage ein komplexes, dezentral angetriebenes System effizient über Datenverarbeitung anstelle von Märkten steuern?

Die Einlassungen von Ludwig von Mises oder Friedrich August von Hayek haben überzeugend deutlich gemacht, dass die dafür geforderte strukturelle Konstanz in freiheitlichen Ordnungen unrealistisch ist. So wie Märkte generell von der subjektiven Wertung der Individuen bewegt werden, so gilt dies auch für die Finanzintermediation. Letztlich kann man Informationsasymmetrien zwischen Vertragspartnern durch Reportingvorgaben nur mindern, nicht aber vollständig aufheben. Es ist naiv zu glauben, dass mit *Basel III* oder veränderten Aufsichtsstrukturen zugleich jegliches Schurkentum verschwindet. Dem kann am effizientesten durch hohe Wettbewerbsintensität – und das bedeutet vor allem bestreitbare Marktpositionen und strenge Haftungsregeln – sowie durch große Transparenz – was vor allem Register für Großkredite und Clearingstellen für Derivate voraussetzt – begegnet werden. In der Finanzwelt kommt hinzu, dass der Anreiz zur Ausbeutung anderer durch das unausgesprochene Versprechen des Steuerzahlers, im Fall einer existenziellen Schieflage wegen der systemischen Wirkungen einzugreifen, in besonderer, nie ganz aufzulösender Weise Bedeutung erlangt.

Ein Weiteres ist zu bedenken: Die Wirkungen von Regulierungen sind nicht voraussetzungslos, und es gibt auch Regulierungsversagen. So wurde auf Basis umfangreicher empirischer Untersuchungen ermittelt, dass gerade bei schwachen politischen Institutionen eine strenge Bankenaufsicht gegenteilige Effekte auf die Solidität des Kreditgeschäfts hat. Ebenso haben sich höhere Eigenkapitalanforderungen isoliert betrachtet als weitgehend neutral in Bezug auf die Effizienz und Krisenanfälligkeit von Bankensystemen erwiesen.

Man mag diese Ergebnisse relativieren, es bleibt aber die Erkenntnis, dass die Bankenregulierung nur im weiteren Rahmen angemessener politischer Ordnung effizient sein kann. Die Notwendigkeit einer Regulierung darf nicht den Blick auf die Risiken des Regulierungsversagens verstellen. Auch die Regulierer müssen kontrolliert, für sie müssen die Anreize angemessen gesetzt werden, wie anschaulich das dokumentierte interne Steuerungsversagen beim Betrugsskandal 2006 in der Bundesanstalt für Finanzdienstleistungsaufsicht (BaFin) belegt. So hat die mit deren Gründung abgeschaffte Finanzierungsbeteiligung des Bundes dazu geführt, dass dem Personalaufbau der Finanzaufsichtsbehörde keinerlei Schranken mehr gesetzt waren. Die Banken als nunmehr alleinige Finanziers sahen sich als zugleich Beaufsichtigte nicht in der Position, dieser Expansion entgegenzuwirken, die im Hintergrund des Skandals zu sehen ist. Auch wurde deutlich, dass die Unabhängigkeit und die Effektivität der Aufsicht durch diese Regeln und deren Folgen nicht gestärkt, sondern geschwächt wurden.

So wie man staatliche Regulierungsbehörden nicht überschätzen sollte, so sollte man – auch das zeigen Studien – die Regulierung auf privater Basis grundsätzlich nicht unterschätzen. Damit signalisieren Marktteilnehmer, dass sie den Besonderheiten ihrer Leistungen als Vertrauensgüter Rechnung tragen. Der Schwierigkeit, die Qualität des Angebots einschätzen zu können, wird durch Selbstregulierung wie Rating oder die Definition von Mindeststandards begegnet. Die Bedeutung der Ratingagenturen, über die infolge der Finanzkrise zu Recht geklagt wurde, resultiert aber gerade daraus, dass die Regulierer sie mit quasi öffentlichen Aufgaben beliehen haben und dadurch in eine entsprechend bedeutsame Rolle brachten. Grundsätzlich aber gilt: Der Notwendigkeit, eigenverantwortlich zu entscheiden und damit zu werten, entkommt man nicht. Ökonomische Bildung, das sei hier nur angedeutet, muss diese Fähigkeit befördern. Sich blind auf Aufsichtsbehörden und Ratingagenturen zu verlassen ist für die Politik ebenso fahrlässig wie für den Einzelnen.

Im Kern der Krise stand – wie erläutert – die Einführung und weite Verbreitung einer Innovation: der Verbriefung, die den Handel mit Kreditrisiken eröffnete. Derivate trennen das eigentliche Kreditrisiko und den Finanzierungsvorgang voneinander. Verbriefungen bündeln viele Kreditbeziehungen, bevor das Risiko separiert wird. Diese Instrumente wurden sehr schnell fast ausschließlich im internationalen Rahmen gehandelt, die Globalisierung der Finanzmärkte war nahezu perfekt. Die Bundesbank hatte aber bereits im Monatsbericht vom April 2004 betont, dass dies hochentwickelte Risikomanagementsysteme bei den Marktteilnehmern und eine große Transparenz über die Risikopositionen erfordert.

Volkswirtschaftlich betrachtet verbreitern Verbriefungen den Kreditplafond, indem das Eigenkapital der Banken effizienter genutzt werden kann. Zudem wurde dem Handel mit Kreditrisiken in liquiden Märkten früh das Potenzial zugesprochen, die Finanzstabilität zu erhöhen, da so die vorhandenen Risiken effektiver nach der Tragfähigkeit verteilt werden. Banken erhielten neue Instrumente, Klumpenrisiken zu vermeiden und die Nutzung der Kreditlinien exakter zu steuern. Zugleich ergaben sich Quellen für Handels- und Provisionserträge aus einem eher immer ertragsschwächeren Geschäftsfeld. Seit 1983 ist bei den deutschen Banken der Nettozinsertrag, bezogen auf die Bilanzsumme von über 2,5 Prozent, auf unter 1,5 Prozent gesunken; international gilt dies entsprechend. Der Druck in ertragsstärkere Geschäfte bestand seit längerem und fand in der Verbriefung eine Entlastung.

Der globale Handel mit Kreditrisiken hat eine Industrialisierung des Kreditgeschäfts hervorgebracht, die durch die Marktverwerfungen 2008/2009 tief in die Krise geraten ist. Dies betraf zugleich die zugrunde liegende moderne Finanzmarkttheorie, die an ihre Grenze geriet. So hat die in der Praxis dominierende Theorie der Wertpapierbewertung und des Risikomanagements ein Bild der Finanzmärkte entworfen, das deren Funktionsweise nahezu unabhängig von Institutionen, Regulierungen, Gewohnheiten und Informationsasymmetrien sieht. In dieser – im Fachjargon neoklassisch titulierten – Welt wird unterstellt, dass alle Bedingungen der Effizienz erfüllt sind. Sowohl die Institutionen als auch die Wettbewerbslage sorgen dafür, dass weder Informationsprobleme noch Fehlanreize wirken. Jedes Risiko wird ausschließlich zu einer Frage des Preises. Die Krise hat gezeigt, dass dieser neoklassische Effizienzoptimismus zu weit geht.

Einerseits wirken – wie in jeder Kreditbeziehung – bei Derivaten und Verbriefungsstrukturen Informationsasymmetrien zwischen Kreditgebern und Kreditnehmern. Intermediäre – klassischerweise die Banken – sind dazu da, dieses Problem durch Bonitätsprüfung und Monitoring zu überwinden. Vor allem bei jenen Verbriefungen, die nun in eine Notlage gerieten, war dieser Zusammenhang nicht mehr greifbar, weil ein vollständiger Verkauf des Basiskredits aus der Bilanz der Bank stattgefunden hatte. Andererseits ergeben sich verzerrende Anreizstrukturen dann, wenn in anonymen Märkten der ursprüngliche Arrangeur keine finanzielle Verpflichtung mehr trägt. Zusätzlich wurden die teilweise sehr langfristig verbrieften Forderungen mit kurzfristigen Schuldverschreibungen refinanziert, so dass bei jeder neuen Refinanzierung Liquiditätsrisiken drohten. Genau die sind dann 2008 eingetreten, weil einige der den Transaktionen zugrunde liegende Kredite sich als faul erwiesen haben.

Die wichtige Innovation der Verbriefung wirkte so nicht nur als Hebel, um mehr Hypothekarkredite zu ermöglichen, sondern geradezu als Motor, der nach neuen Hypotheken rief. Der Grund lag in der Aushebelung des Haftungsprinzips, indem bei Verbriefungen kein Selbstbehalt vorgesehen war und die Banken nur versuchten, die vergebenen Kredite so schnell wie möglich vollständig aus den eigenen Büchern zu bekommen. Damit verloren die Spekulationen ihre volkswirtschaftlichen Grundlagen und ihre positive Wirkung. Es ging nicht um die Suche nach dem fairen Wert, sondern um die Expansion eines Geschäftsmodells unter verzerrten Bedingungen. Dass die Banken sich so umfänglich auf solche Risikostrategien eingelassen und damit das moralische Risiko begründet haben, hängt nicht zuletzt damit zusammen, dass große systemrelevante Banken weltweit damit rechnen konnten, im Krisenfall gerettet zu werden.

Durch die Verbriefungstechnik wurde neben der beziehungsbasierten Finanzierung über Banken und der standardisierten Finanzierung über Märkte ein hybrider Kapitalmarkt etabliert, der beide Reinformen vermischt. Das hat die Informationsarchitektur des Finanzsystems grundlegend verändert. Waren zuvor Banken und Marktpreise die zentralen Informationssysteme, so wurde diese nun durch Ratings im hybriden System ergänzt. Denn erst das Urteil der Ratingagenturen setzte die Industrialisierung des Kreditgeschäfts in Gang. Die Folge war ein intransparentes Netz, das die gegenseitige Abhängigkeit der Bankbilanzen begründete. Anders als in der Theorie der Verbriefung entwickelt, sind nicht die standardisierten Risiken infolge von Konjunkturen verkauft worden, sondern die spezifischen Risiken der jeweiligen Kreditverträge, die gerade der laufenden Überwachung durch den Kreditgeber – der Bank – bedürfen.

Damit wurde das Ziel der Verbriefungstransaktion verfehlt, die Risikostruktur des spezifischen Kredits marktmäßig zu ermitteln. Der Verkauf der allgemeinen konjunkturellen und wachstumsgebundenen Risiken, die jeden Kredit betreffen, weit über das Finanzsystem hinaus, erlaubt es, das endogene Risiko einzugrenzen, und mindert so die ungleiche Informationsverteilung zwischen

Kreditgeber und Kreditnehmer. Stattdessen hat die Suche nach besseren, werthaltigeren Informationen über das jeweilige Kreditgeschäft in eine intransparente systemische Vernetzung der Bankbilanzen geführt. Aus entfernten Bekannten wurden bilanziell enge Verwandte – ohne dass sie es wirklich wussten und die Aufsichtsbehörden es erkennen konnten. Die Freiheit zur Finanzinnovation hat nicht in gleichem Maße zur Disziplinierung durch Haftung geführt. Die Folge war, dass das systemische Risiko – ein Begriff, der übrigens erst Mitte der 1990er Jahre in der Literatur zu Finanzmärkten auftaucht – eine hohe Relevanz erhielt. Schien zuvor eine Bankenkrise als Folge des unvollständigen Einlagenvertrags und der Gefahr eines Herdenverhaltens der Anleger begründet, so war nun diese qualitativ neue und originäre Vernetzung der Bankbilanzen die Ursache.

## Neues altes Denken über Krisen

Seit dem Frühjahr 2010 gilt: Die Krise ist in der Industrie vorbei, der Aufschwung bei uns läuft, und der Arbeitsmarkt reagiert früher als gewöhnlich. Selbst wenn man eine lang anhaltende Depression nicht für wahrscheinlich gehalten hat, lässt dieser Befund doch staunen. Zumal man mit dem Fachkräftemangel sicherlich viel, aber nicht alles erklären kann. Wenn es stimmt, dass jede Krise – und diese ob ihrer Stärke erst recht – einen Robustheitstest für die volkswirtschaftlichen Strukturen und Trends eines Landes bedeutet, dann dürften sich an den unterschiedlichen Mustern der Erholung zugleich die divergierenden Chancen der Staaten für eine längere Prosperität abzeichnen.

Vor der Finanz- und Wirtschaftskrise war die weltwirtschaftliche Dynamik durch zwei große Motoren angetrieben: den Aufhol- und Transformationsprozess der Schwellen- und Entwicklungsländer einerseits, den brachialen Entwicklungsschub der

Finanzmärkte andererseits. Beides waren Facetten der Globalisierung, die räumliche Ausweitung der Arbeitsteilung hier und das Fortschreiten der Risikodiversifizierung dort. Natürlich waren beide Vorgänge miteinander verbunden. Der Bedarf, global zu investieren, schuf zugleich den Druck, das Risikomanagement weiterzuentwickeln.

Die große Krise als Finanzmarktkrise – und nicht als globale Überinvestitionskrise – zu verstehen bedeutet zugleich, eine asymmetrische Betroffenheit der beiden Globalisierungsformen zu unterstellen. Tatsächlich hat die Abkopplung der finanziellen Sphäre von der industriellen Welt durch den aufgeblähten Handel mit informationsredundanten Instrumenten genau dies verursacht. Die davon ausgehenden Verzerrungen und Fehlsteuerungen der internationalen Arbeitsteilung hielten sich offenbar in Grenzen. Die Wettbewerbsfähigkeit der Verbünde aus Industrie und unternehmensnahen Dienstleistungen war kaum betroffen. Anders ist die Erholung des Welthandels kaum zu erklären. Zwar ließ sich ein ebenso tiefer und schmerzhafter Einbruch verzeichnen wie bei der Industrieproduktion, doch waren dafür eigene Ursachen nicht verantwortlich.

Die Finanzbranche ist, das haben diverse Stresstests deutlich gemacht, unverändert von den Anpassungs- und Konsolidierungsnöten infolge der Krise geprägt. Die Frage der Eigenkapitalausstattung der Banken ist keine, die sich lediglich theoretisch an Regulierer und Aufseher wendet, sondern direkt die Stabilitätsaussichten des Finanzsystems bestimmt. Dieser Druck ist bei allen Lichtblicken noch nicht abgebaut. Der im Sommer 2010 veröffentlichte Stresstest für die Banken zeigt durchaus Fortschritte, aber ebenso bestehenden Handlungsbedarf auf. Es scheint, als könnte die Industrie davon unberührt einen eindrucksvollen Expansionskurs fahren. Eine verbesserte Eigenkapitalausstattung gerade der mittelständischen Unternehmen und die Erfahrung, den tiefen Absturz gemeistert zu haben, tragen offenbar recht gut.

Die Stärke der deutschen Industrie kontrastiert eindrucksvoll mit weit verbreiteter Skepsis, die in den vergangenen Jahren unterschiedlich intoniert wurde. Die im angelsächsischen Raum gepflegte Bewertung als »old economy« hat sich nun in ihr Gegenteil verkehrt. Die unterschiedliche Entwicklung am Arbeitsmarkt bei uns und in den Vereinigten Staaten spricht dafür. Während in Deutschland die Arbeitgeber die Krise vor allem durch Produktivitätsverluste sowie wenig Entlassungen getragen haben und nun selbst die großen Unternehmen wieder mehr einstellen als freisetzen, gilt in den USA das Gegenteil. Die für die dortigen Unternehmen zweifelhaften Absatzperspektiven führten dazu, vor allem das in der Krise durch Freisetzung erreichte Produktivitätsniveau zu halten.

Wie zu Beginn der 1990er Jahre ist »beschäftigungsneutrales Wachstum« (»jobless growth«) das entscheidende Thema in den Vereinigten Staaten. Der Abbau von Arbeitsplätzen hat sich zwar verlangsamt, wie die wöchentlichen Meldungen der Arbeitslosenstatistik zeigen, das Entstehen neuer Arbeitsplätze aber bleibt hinter dem einer dynamischen Volkswirtschaft zurück. Die Frage nach dem passenden Geschäftsmodell richtet sich nun nach Nordamerika, während die entsprechenden Stimmen bei uns etwas ruhiger geworden sind. Die Vereinigten Staaten werden sich aufgrund struktureller Probleme wie der Verschuldung des privaten Sektors und der mangelnden Wettbewerbsfähigkeit der Industrie auf einen mit 2 Prozent geringeren Wachstumspfad einstellen müssen.

Diese Diskussion und der damit verbundene Blick auf die Ungleichgewichte in der Europäischen Währungsunion machen deutlich, dass eine Welt ohne Krisen – verstanden als Anpassungsschocks im globalen Strukturwandel – nicht realistisch ist. Jede Krise legt, so scheint es, durch die provozierte Politikintervention schon den Keim für die nächste Verwerfung. So kann man die Krisenkumulation der zu Ende gehenden Dekade deuten: Nach dem Platzen der Dotcom-Blase und der Verunsicherung durch die Terrorattacken am 11. September 2001 mit ihren politisch-militärischen Folgen führte eine politisch gewollte laxe Geldpolitik zum Ausgleich der erlittenen Vermögensverluste zu einem Boom der Immobilienpreise. Im Zusammenspiel mit der Verbriefungstechnologie und einer Stimmung, in der nicht Investitionsobjekte nach Geld, sondern billiges Geld nach Investitionsmöglichkeiten suchte, wurde der Grund für die Finanzmarktkrise gelegt. Deren Bekämpfung durch Fiskalprogramme und wiederum laxe Geldpolitik hat die Stabilität der Staatsfinanzen in das öffentliche Bewusstsein gerückt und den Staatsbankrott zum Thema der Tagespresse werden lassen. Die Staatsschuldenkrise wird vielfach als unvermeidbare Folge der Krisenpolitik bewertet, doch dies entspricht nicht dem Befund und beschreibt in keinem Fall eine Zwangsläufigkeit. Aber diesen Fragen wenden wir uns im folgenden Kapitel zu.

Eines sollte das Erleben der spontanen Unordnung der letzten Jahre in jedem Fall bewirken: ein verändertes Denken über Krisen. Zur Erinnerung: Die Weltwirtschaftskrise von 1929 hat die grundsätzliche Akzeptanz von Krisen als unvermeidbare Reinigungsprozesse ökonomischer Arbeitsteilung in Frage gestellt. Denn das Krisenerleben hatte die Zeitgenossen an die großen Verwerfungen der vormodernen, vorindustriellen Gesellschaft erinnert. Die Geschichtswissenschaft spricht von Krisen des »type ancien«, die nicht zyklischer Natur waren, sondern vor allem infolge von Klimaveränderungen oder militärisch-politischen Ereignissen auftraten und meist massenhaft Bevölkerungsverluste verursachten (Abel 1986). Die Krisen des »type ancien« vollzogen sich in der malthusianischen Falle, nach der die Bevölkerungsentwicklung immer wieder durch die landwirtschaftlichen Produktionsmöglichkeiten gebremst und zurückgeworfen wurde. Krisen waren keine gut beleumundeten Erinnerungsorte der Menschen, es waren Menetekel des Bösen. Vor diesem Erfahrungshintergrund wirkte die Weltwirtschaftskrise. Sie diskreditierte nicht nur umfassend den Kapitalismus, sondern ließ in den Augen der Zeitgenossen wie der nachfolgenden Generationen zugleich seine – unvermeidbaren – Krisen, seine Zyklizität, inakzeptabel werden. Dem wurde die Kompetenzvermutung für den Staat entgegengestellt, der den Kapitalismus bändigen und seine Krisen bekämpfen kann (Plumpe 2010).

Für das Jahrhundert vor der Weltwirtschaftskrise galt hingegen eine andere Einschätzung: Die Krisen des Kapitalismus, die als Folge neuer Technologien, neuer Formen der Arbeitsteilung und neuer Lösungen für den Tauschhandel seit dem frühen 19. Jahrhundert auftraten, waren als zyklische Phänomene in ihren ökonomischen und sozialen Folgen einerseits überschaubar, andererseits als Anpassungsschübe im Strukturwandel unvermeidbar. Solche Krisen erschienen den Zeitgenossen als akzeptabler Preis dafür, dass der Kapitalismus mit seiner Produktivität und Wohlstandsmehrung die Massenverelendung infolge agrarisch bedingter Krisen der Vormoderne überwunden und aus der malthusianischen Falle geführt hatte. Anlass zu Hysterie und Untergangsängsten waren sie jedoch nicht, auch nicht für die Forderung nach gezielter wirtschaftspolitischer Intervention. Mit der Steigerung der Wirtschaftsleistung, die den Zeitgenossen im 19. Jahrhundert eindrucksvoll vor Augen geführt wurde, nahm die Volatilität der wirtschaftlichen Entwicklung zu. Beides waren akzeptierte Kennzeichen der modernen kapitalistischen Wirtschaftsweise.

So wie die Große Depression diese Erfahrung überformt und grundsätzlich neue Fragen gestellt hat, so regt die spontane und systemische Unordnung unserer Zeit ein neues, im Kern jedoch altes Denken über Krisen an. Dazu muss es gelingen, den zyklischen Krisen, den ebenso unvermeidbaren Schüben im Strukturwandel den Ruch des Weltuntergangs zu nehmen und stattdessen das Etikett des Normalen aufzukleben. Das setzt voraus, dass ein doppelter Irrtum in der Deutung von Krisen korrigiert wird. Zunächst hatten Karl Marx und Friedrich Engels fälschlicherweise die Verelendung breiter Schichten im Vormärz der Industrialisierung angelastet und als Schicksal des Proletariats gedeutet. Wie aber Wirtschaftshistoriker (u.a. Wilhelm Abel) ausführlich bedeutet haben, konstatierte Marx die Folgen einer (der letzten) vorindustriellen, agrarischen Krise. Die Krisentheorie des Marxismus ruht auf einem falschen Fundament. Nicht weniger irrig scheint – wie bereits angesprochen – die Deutung der Keynes'schen Analyse als einer Antwort auf den Konjunkturzyklus, wie sie die Keynesianer vertreten.

Krisen als Teil der Normalität und damit als systemimmanent sowie im Grundsatz als hinnehmbar zu bewerten müssen viele als Provokation betrachten. Doch es gehört elementar zu einer Neujustierung der Balance von Markt und Staat, die Krise unter den Bedingungen der Freiheit als Chance für kollektives Lernen positiv zu würdigen. Es überfordert den Staat nicht, es fordert aber umso mehr die Disziplinierung der Freiheit durch Selbstverantwortung und Mitverantwortung im täglichen Tun und Unterlassen. Es verlagert alle Anstrengung auf die Gestaltung der Regelwerke und die Mobilisierung einer öffentlichen Debatte über die damit definierte Verantwortungsteilung. Dazu gehört, dass gefundene Grundregeln für die Koordination widerstreitender Interessen und dafür bedeutsame Verfahren nicht der Tageslaune der Straße geopfert werden. Das ist undisziplinierte Freiheit, die nur Einzelnen dient, nicht aber dem Gemeinsamen.

Mit einer solchen Neujustierung von Konjunkturschwankungen und Anpassungsschüben im Strukturwandel als normale hinnehmbare Vorgänge verlieren viele der apokalyptischen Parolen ihren Boden. Man kann von Philosophen und Soziologen erwarten, dass sie nicht gänzlich ohne ökonomische Kenntnis argumentieren, wenn es um ökonomische Fragen geht. Ein verantwortlicher Beitrag für die Gestaltung des öffentlichen Raums ist das keinesfalls, wenn unbedacht falsche Krisendeutungen zur Grundlage einer großen Empörung gemacht werden. Vertrauen entsteht so nicht, sondern nur auf einem realistischen Befund.

Klar ist aber auch, dass die Kosten eines Vertrauensverlustes, wie er durch die Finanz- und Wirtschaftskrise eingetreten ist, unvermeidbar von uns allen zu tragen sind. Doch wir alle sind auch die Nutznießer wirksamen Vertrauens und der damit möglichen Kooperationsgewinne. Wenn die Krise – wie erläutert – in hohem Maße durch institutionelles Versagen zu erklären ist, dann fällt die Verantwortung in demokratischen Strukturen grundsätzlich auf alle zurück. So schärft diese Krisenerfahrung nicht nur unser Denken über Krisen, sondern ebenso die Erwartungen, die wir an unsere gemeinsame Verantwortung zu richten haben. Es gibt in der Gesellschaft der Freiheit bei sozialen Risiken grundsätzlich keine Befreiung von der Verantwortung, auch wenn sich diese stärker an Funktionseliten richten muss. Der Diskurs über die Mitverantwortung eines jeden ist unverzichtbar. Daran erinnert uns diese Krise.

# 4. Maßlose Staaten und maßlose Ökonomen: Gefährdung der EWU

Ein ordnungspolitisch besonders interessanter Fall ist die Krise der Europäischen Währungsunion (EWU) infolge eines drohenden Staatsbankrotts in Griechenland im Frühjahr 2010. Denn hier überlagerten sich verschiedene Handlungsstränge mit zeitlich divergierendem Horizont. Natürlich drängt sich zunächst die Einschätzung auf, dass man den Folgen ordnungspolitischer Sünden letztlich nicht entkommen kann. Die Aufnahme Griechenlands in die EWU war, gemessen an den Kriterien des Maastrichter Vertrages, ein Fehler gewesen, der aber die politisch unvermeidbare Folge der Einbindung Italiens und Belgiens in den Gründungskreis der Währungsunion war.

Der wohlwollende Umgang mit dem fiskalischem Fehlverhalten Deutschlands, das in den Jahren 2001 bis 2004 eine Defizitquote von über 3 Prozent realisiert hatte, beschränkte nun die gewünschte Konsequenz im Umgang mit Griechenland. Das Drängen der damaligen deutschen Regierung auf eine laxe Reaktion – also eine Vermeidung von Sanktionen – schwächte die Position der amtierenden Bundesregierung, als es darum ging, die viel gravierenderen fiskalischen Verstöße Griechenlands zu sanktionieren.

Bedeutsame Regeln, die einmal nicht eingehalten werden, zehren an der Glaubwürdigkeit des gesamten Arrangements. Die Kapitalmärkte lernten so, dass der Haftungsausschluss so ernst doch nicht gesehen werden dürfte, und reagierten in der Erwartung europäischer Hilfe mit laxer Kreditvergabe an die südlichen Mitgliedsländer der Währungsunion. Alle Anstrengungen, die unternommen wurden, um diese Entwicklung zu korrigieren, müssen neu legitimiert werden. Die gemeinsame europäische Währung, das wurde 2010 deutlich, ist selbst nach einer Dekade kein Selbstläufer. Die aus der Nutzung resultierende Akzeptanz trägt in einer Krise nicht weit. So konnte man beobachten, wie viele Fundamentalkritiker der gemeinsamen Währung aus den 1990er Jahren fröhliche Urstände feierten. Da kann es nicht überraschen, dass die Griechenlandkrise mehrere Diskussionen auslöste:

- Einmal ging es pragmatisch um die Frage, wie der entstandene Schaden bereinigt werden kann, um die Währungsunion erfolgreich weiterführen zu können: Was müsste dafür an institutionellen Innovationen – bis hin zu einer Insolvenzordnung für Staaten – geleistet werden? Welche strukturellen Veränderungen in der Fiskalpolitik der Mitgliedsstaaten wären geboten? All dies bewegte sich aber im Wesentlichen im Rahmen der bestehenden Verträge und deren Logik. Die Vorschläge von Währungskommissar Rehn vom September 2010 knüpften genau dort an.

- Dann wurde gefragt, ob nicht viel fundamentalere Schritte erwogen werden müssten. Gemeint waren die Austrittsoption einerseits und der Rauswurf andererseits. Unabhängig von den existierenden Regeln wurde damit der Charakter der Währungsunion als Schicksalsgemeinschaft zur Disposition gestellt. Solche Ideen wurden mit der These einer Verschwörung der südeuropäischen, traditionell finanzpolitisch disziplinloseren Staaten gegen die soliden Haushälter Mitteleuropas garniert. Gar die Aufspaltung der Währungsunion wurde vorgeschlagen, verkennend, dass dies in jedem Fall deren Ende bedeuten würde.

- Schließlich wurde argumentiert, das Problem Griechenlands und anderer südeuropäischer Staaten sei vor allem der außenwirtschaftlichen Potenz Deutschlands geschuldet. Die hiesige Lohnzurückhaltung im zurückliegenden Jahrzehnt habe die anderen geschädigt, ihnen Exportmöglichkeiten genommen. Dass Länder mit hohen Defiziten – im Staatshaushalt wie in der Leistungsbilanz – eigentlich die Anpassungslasten als nachträgliche Selbstdisziplinierung zu tragen haben, wurde damit einfach ignoriert.

Ordnungspolitik der reinsten Lehre tut sich mit der Währungsunion an sich schwer und findet erst recht keine überzeugende Antwort auf solche Probleme. Die Abschaffung der gemeinsamen Währung wird dann zum einzig akzeptierten Weg. Doch muss nicht auch der Preis solcher Lösungen gesehen werden? Reicht allein der Hinweis, Europa sei kein optimaler Währungsraum und deshalb ungeeignet für eine gemeinsame Währung? Ordnungspolitik der pragmatischen Vernunft akzeptiert Realitäten, deren Negierung mit hohen gesamtwirtschaftlichen Kosten verbunden wäre.

So zeigt eine empirische Studie des ING Financial Markets Research (2010), dass eine komplette Auflösung der Währungsunion eine Schrumpfung der gesamtwirtschaftlichen Leistung in den Mitgliedsstaaten von 5 bis 9 Prozent sowie einen Einbruch der Börsen auslösen würde. Deflationäre Schocks träfen die preisstabilen, fiskalisch solideren Länder, inflationäre Schocks jene Länder, die mit massiven Abwertungen zu rechnen haben. Der Preis für eine diskutierbare, keineswegs eindeutige ordnungspolitische Position wäre extrem hoch. Sie ist deshalb nicht weniger maßlos als das fiskalische Regierungshandeln, das in der Kritik steht. Zumal völlig ausgeblendet wird, dass in allen anderen Bereichen europäischer Integration dann ebenso gravierende Schäden und Rückschritt drohen würden. Es wird naiv so getan, als könne man isoliert im Bereich der Währungspolitik die Uhren auf den 1. Mai 1998 zurückdrehen und ansonsten weitermachen wie bisher.

Trotz allem bleibt der Versuch, die bestehende Union zu stabilisieren und zukunftsfähig zu machen, ein äußerst kritischer Prozess voll schwieriger Abwägungen und mit vielen Gefährdungen. Und doch liegt eine nicht zu verachtende Chance darin, dass der Schock, den die Griechenlandkrise auslöste, die meisten Europäer tief getroffen hat. Die Erkenntnis, dass sich dies nicht wiederholen darf, ist weit verbreitet. Vergessen sollte man auch nicht, dass die gemeinsame Währung bisher erhebliche Vorteile für die betroffenen Staaten hatte: Die Preisniveaustabilität ist höher als früher, der Wegfall von Transaktionskosten entlastet Unternehmen und private Haushalte umfänglich, die Spekulationsanfälligkeit der gemeinsamen Währung ist deutlich geringer als die der vielen Vorgängerwährungen, die Finanzmarktkrise wäre ohne den Euro durch massive Währungsturbulenzen gravierend verschärft worden.

Den Euro zur Disposition zu stellen hieße auch, die deutsche Tradition in der europäischen Geldpolitik – primär auf die Stabilisierung des Preisniveaus gerichtet – massiv zu schwächen. Eine Lehre aus der Finanzkrise war aber die Einsicht, dass eine Überforderung der Geldpolitik mit anderen Zielen skeptisch zu beurteilen ist. Das Erbe von Alan Greenspan ist durch die Ereignisse an den Finanzmärkten in ein etwas anderes Licht gerückt worden. Wir haben allen Anlass, selbstbewusst den europäisch-deutschen Ansatz der Regelgebundenheit zu bewerben. Wir haben jedenfalls keinen Anlass, Europas Erfolge in der Geldpolitik zu verspielen.

## Geldpolitische Erfahrung diesseits und jenseits des Atlantiks

Am 31. Januar 2006 endete die 18-jährige Amtszeit von Alan Greenspan als Chef der US-amerikanischen Notenbank. Allein diese lange Zeitspanne hat ihn zu einer Legende werden lassen. Das orakelhafte Steuern der Notenbankzinsen und die zweifellos eindrucksvollen Ergebnisse haben das Ihre zur Legendenbildung beitragen.

Waren die Vereinigten Staaten nach den exzessiven 1970er Jahren 1987 immer noch ein Land mit hoher Inflation, so gelang Greenspan die Rückkehr zur guten alten Zeit: Wachstum, Inflation und Arbeitslosigkeit erreichten in seiner Amtsperiode annähernd durchschnittliche Werte wie in den 1950er und 1960er Jahren. Doch mehr noch als die Ergebnisse seiner Politik war es diese selbst, die immer wieder faszinierte, weil sie ungewöhnliche Lösungen wählte und scheinbar schwerelos, ohne strategische Bindung daherkam.

Man kann angesichts der Länge der Amtszeit nicht von Zufallsergebnissen sprechen. Zudem waren die 18 Jahre durch besondere Herausforderungen geprägt. Erinnern wir uns: der »schwarze Montag« an den Börsen am 19. Oktober 1987, die Rezession Anfang der 1990er Jahre, das »soft landing« nach kräftigem Wachstum und steigenden Inflationserwartungen zur Mitte desselben Jahrzehnts. Nach dreijähriger Phase annähernder zinspolitischer Stabilität wurde Ende 1998 auf die Russland-Asien-Krise reagiert, danach den »irrationalen Übertreibungen« der Finanzmärkte mit drastischen Zinserhöhungen entgegengearbeitet. Die letzten Jahre waren durch die Reaktion auf den 11. September 2001 und die Rückkehr zur geldpolitischen Neutralität gekennzeichnet.

Angesichts dessen war der Wechsel im Amt des Notenbankchefs zu Ben Bernanke kein gewöhnlicher Vorgang, sondern einer von weltwirtschaftlicher Tragweite. Die von Greenspan gepflegte Personalisierung geldpolitischer Orientierung ist immer wieder als Gegenmodell zur deutschen Tradition konzeptionsgebundener Geldpolitik verstanden worden: Flexibilität und Modernität in den USA, Starrheit und Engstirnigkeit in Deutschland und Europa.

Allein die Bedeutung des Amtswechsels zeigt aber eine fundamentale Schwäche personalisierter, man möchte fast sagen vormoderner Politik: Wie im Heiligen Römischen Reich Deutscher Nation jeder Herrscherwechsel angesichts fehlender institutioneller

Absicherung zum staatspolitischen Risiko wurde und die »translatio imperii« eine existenzgefährdende Herausforderung für das gesamte Staatsgebilde darstellte, so erwies sich der Übergang von Greenspan auf Bernanke als ein Risiko eigener Art. Denn in der Geldpolitik war Alan Greenspan fast immer allein zu Haus.

Die in der Person Greenspan gebundene Glaubwürdigkeit und Autorität musste entweder auf den Nachfolger oder auf eine geldpolitische Konzeption übertragen werden. Beides kann nicht aus dem Stand gelingen, sondern bedarf erfahrungsprägenden Handelns oder der offenen Bindung an eine Konzeption. Mit Ausnahme des »Inflation Targeting«, also der breit gestützten Inflationsprognose, gab und gibt es dafür in den USA kaum Alternativen. Vor allem die Finanzmarktstrukturen mit ihren Auswirkungen auf die Stabilität der Geldnachfrage lassen eine Geldmengensteuerung, wie sie von der Fed bis in die 1980er Jahre betrieben wurde, nicht als opportun erscheinen.

Schon diese Hinweise sprechen dafür, die Geldpolitik grundsätzlich durch eine Konzeption zu fundieren. Diese definiert einen Referenzrahmen für das konkrete Handeln, reduziert den Grad der Beliebigkeit und mindert den kommunikativen Aufwand. Vor allem: Die Erwartungen an die Geldpolitik bleiben realistisch. Hingegen versprach Greenspan als Zauberlehrling Konjunktur und Wachstum zu steuern, was angesichts flexibler Märkte und angemessener Investitionsbedingungen in den USA durchaus eine gewisse Berechtigung hat. In Europa mit seinen fragmentierten Kapitalmärkten, regulatorischen Hürden und dominierenden strukturellen Problemen wird dies so einfach nicht gelingen können.

Die Europäische Zentralbank (EZB) hat immer wieder die Berechenbarkeit ihrer Geldpolitik durch die Marktakteure betont. Dahinter steht die Einsicht, dass ein hohes Maß an Vorhersagbarkeit durch geringere Zinsunsicherheit und verminderte Risikoprämien zu einer effizienteren Steuerung der Kapitalströme führt. Eine angemessene Erwartungsbildung der Privaten kann aber nur gelingen, wenn ein Verständnis über die Systematik geldpolitischer Entscheidungsfindung glaubwürdig vermittelt wird. Die EZB weist darauf hin, dass dies nicht eine konzeptionelle Mechanik erfordere, wie es früher im Zusammenhang mit der Geldmengenorientierung der Bundesbank diskutiert wurde. Vielmehr könne eine regelmäßige Analyse von Preisen und Konjunkturdaten (1. Säule der geldpolitischen Strategie) sowie von Geldmenge und Kapitalmärkten (2. Säule) sehr viel angemessener die Erwartungsbildung prägen. Dabei komme der Kommunikation eine wichtige Bedeutung zu. Die empirischen Ergebnisse bestätigen der EZB eine gute Berechenbarkeit ihres Handelns. Von 2007 bis 2010 wurde ein Programm zur methodischen und empirischen Verbesserung der monetären Analyse durchgeführt (2. Säule). Auf dieser Basis will man künftig frühzeitiger gegen eine Blasenbildung bei Vermögenswerten einschreiten (European Central Bank 2010). Dieser Weg scheint trotz aller Unwägbarkeiten der richtige zu sein, zumal er die Erfolgsgeschichte der ersten Dekade der europäischen Geldpolitik fortzuschreiben vermag.

1993 – 1998 – 2008. Diese Jahreszahlen stehen für Marksteine der europäischen Währungsintegration, an die gerade im Lichte der Griechenlandkrise im Frühjahr 2010 zu erinnern ist. An diesen Marksteinen wird deutlich, in welch unterschiedlichen monetären Welten wir uns in einer Zeitspanne von nur anderthalb Jahrzehnten bewegt haben. 1993 war das Jahr großer Währungsturbulenzen, die am 2. August darin gipfelten, die Bandbreiten für die obligatorischen Interventionen im Europäischen Währungssystem grundsätzlich von 4,5 Prozent auf 30 Prozent zu erweitern. Nur Deutschland und die Niederlande blieben bilateral bei der alten Regelung.

Spekulative Attacken waren seit dem Sommer 1993 vor allem gegen den französischen Franc gerichtet gewesen, ohne dass für diesen ein Abwertungsbedarf gegenüber der D-Mark erkennbar war. Es war wohl eher die um sich greifende Einsicht, dass das hohe Niveau der geldpolitischen Zinsen in Deutschland von den übrigen europäischen Staaten ohne Wechselkursanpassungen nicht verkraftet werden konnte. So waren ein Jahr nach Unterzeichnung des Maastrichter Vertrages die Aussichten für eine Europäische Währungsunion schlecht. Der Sachverständigenrat zur Begutachtung der gesamtwirtschaftlichen Entwicklung skizzierte seinerzeit gar die Gefahren einer Renationalisierung der Währungspolitik (Jahresgutachten 1993/1994).

So selbstverständlich das Jahr 1997 als möglicher erster Starttermin verging und mancher insgeheim, vor allem wegen des Mangels an politischer Koordination zur Absicherung der gemeinsamen Geldpolitik, auf ein stilles Ende dieses Projektes hoffte, wurden im Mai 1998 die Weichen gestellt. Dabei waren die Ungewissheiten groß. Vor allem der Zustand der öffentlichen Finanzen in vielen potenziellen Mitgliedsländern war besorgniserregend. An einen wirksamen Sanktionsmechanismus wollten viele trotz des Stabilitäts- und Wachstumspakts nicht so recht glauben.

Auch aus der Rückschau erscheinen da die Hinweise des Sachverständigenrates im Jahresgutachten 1992 als angemessen: »Es gibt keine Stabilitätsgarantie. Es gibt freilich auch nicht das Umgekehrte, die Sicherheit des stabilitätspolitischen Misserfolges. Gewiss: Stabilitätspolitisches Verhalten will eingeübt sein. Aber: Genau dies findet statt.« Diese nüchterne Position mit ihrer Betonung der Stabilität des Geldwertes wurde von manchen als Fetisch, von anderen als Verbannung einer makroökonomisch notwendigen Mischung aus Geldpolitik und Finanzpolitik kritisiert.

Die zehn Jahre seit der Entscheidung über den Start der Währungsunion waren ein Prozess des Suchens und auch des Findens. Das Stabilitätsziel der Geldpolitik hat hohe Glaubwürdigkeit. Die Verfehlungen der Finanzpolitik konnten dem bis zum Herbst 2009 nichts anhaben, und zwar trotz der Außerkraftsetzung des Sanktionsprozesses gegen Deutschland und Frankreich nach Überschreiten der Grenzen für das Budgetdefizit in den Jahren 2002 und 2003. Letztlich hat überwogen, dass sich an die Unabhängigkeit der Europäischen Zentralbank keiner ernsthaft heranwagt. Es wird noch zu würdigen sein, ob die Bereitschaft der Notenbank im Mai 2010, europäische Staatsanleihen – zumal unabhängig von der Qualität – zu kaufen, dafür mehr als nur ein Menetekel darstellt.

Trotz aller Verunsicherung des Jahres 2010 hat sich das institutionelle Arrangement für die Notenbank als hinreichend erwiesen. Es war allemal stärker als die denkbaren diskretionären Eingriffe der Wirtschaftspolitik in die Zuständigkeit der Notenbank, wie sie in den 1990er Jahren nicht nur mit Blick auf die in nationaler Hoheit verbliebene Finanzpolitik, sondern auch angesichts der wechselkurspolitischen Kompetenz beim Europäischen Rat diskutiert wurden.

Es wird nun aber darauf ankommen, angesichts weltweit turbulenter Entwicklungen auf den Geld- und Kreditmärkten den Blick für das Wesentliche der Geldpolitik nicht zu verlieren. Die Notenbanken haben zwar die Funktionsfähigkeit der Finanzmärkte im Auge zu haben und stabilisierend zu handeln. Genau das hat bisher die EZB getan. Es ist aber nicht Aufgabe der Zentralbanken, durch aggressive Zinssenkungen die privaten Akteure aus ihrer Risikoklemme zu befreien. Genau das hat die Fed versucht und dabei die Begrenztheit ihrer Wirkung erfahren.

Vor diesem Hintergrund – und nicht nur angesichts einer Dekade seit dem Gründungsbeschluss zur EWU – war 2008 ein besonders herausragendes Jahr in der Positionierung der europäischen Geldpolitik. Der Umgang mit den Krisen an den Geld- und Kreditmärkten wird zur Lektion über angemessene Geldpolitik und ihre Überforderung. Was vielen als unmodern erschien – nämlich der Verzicht auf konjunkturpolitische Steuerung –, erweist sich unverändert als richtig. Niemandem ist geholfen, wenn die Notenbanken Kompetenz beanspruchen, die sie nicht haben.

Dabei kommt es darauf an, in der Europäischen Union die Verantwortung für die verschiedenen wirtschaftspolitischen Ziele nicht in einem Koordinierungsbrei zu vermengen. Die EU-Kommission beklagt in ihrem Bericht zum 10. Jahrestag der Startentscheidung für die Währungsunion das zu geringe Wachstumspotenzial in der Union. Die Lösung sieht sie in einer weit über die Finanzpolitik hinausgehenden Koordination. Dies ist angesichts der gemeinsamen Währung indes nicht nur nicht zwingend, es hieße, den Gedanken des institutionellen Wettbewerbs aufzugeben. Europa braucht davon eher mehr als weniger, und zwar gerade im Lichte der Griechenlandkrise. Die Antworten liegen in der nationalen Finanzpolitik und in der nationalen Lohnpolitik. Beide müssen sich jedoch der Handlungsbeschränkungen durch die gemeinsame Währung bewusst sein. Die Krise der Staatsfinanzen in einigen Euroländern bietet die Chance, dafür die bindenden Vorgaben zu schärfen, ohne freilich die nationale Budgethoheit in Frage zu stellen. Analoge Regeln wie eine Schuldenbremse wären eine zielführende Antwort.

## Griechenland und die Bequemlichkeit der Zahl

Die Finanz- und Wirtschaftskrise der letzten Jahre wirkte in Europa so tiefgreifend, dass sie so manchen übersehenen oder unerkannten Unrat nach oben spülte. Im grellen Licht der Krise sind viele Dinge nicht mehr so ansehnlich, wie es im Halbschatten des Booms der Fall war. Dies gilt auch für die Verhältnisse in der Europäischen Währungsunion – freilich nicht in Bezug auf die Politik der Europäischen Zentralbank, sondern hinsichtlich der offenbarten Ungleichgewichte zwischen den Mitgliedsländern. Seit ihrem zehnten Geburtstag muss die Währungsunion einen starken Test auf Robustheit bestehen, die Schönwetterphase ist endgültig vorbei.

Dabei dürfen die Schwierigkeiten der südeuropäischen Mitgliedsstaaten nicht fälschlicherweise der Währungsintegration angelastet werden und von daher das Argument bedienen, die EZB, Brüssel oder die stabileren Volkswirtschaften wären automatisch und selbstredend in der solidarischen Beihilfepflicht. Die Ursachen der Verwerfungen, die sich in höheren Risikoprämien für Staatsanleihen der Südländer und in der öffentlich geführten Diskussion über die Möglichkeit eines Staatsbankrotts ihren Ausdruck verschafften, weisen weit zurück, nämlich bis zum Einstieg in die Währungsunion.

In der zweiten Hälfte der 1990er Jahre begründete die Erwartung, dass es mit der Währungsunion nicht nur Ernst wird, sondern dass dieser von Beginn an traditionelle Inflationsländer angehören werden, eine Konvergenz der Zinsen im künftigen Euroraum. Diese ebenso bei den Realzinsen bedeutsame Angleichung an das Niveau des preisstabilsten Landes führten dort – in Deutschland – zu erheblichen Anpassungslasten, ein relativer Standortvorteil schmolz dahin. Im Süden Europas wirkte dies dagegen wie ein Konjunkturprogramm.

Vor allem der Immobiliensektor begann zu boomen und offerierte Preissteigerungen, die Wohlstandszuwächse versprachen, und nährte so seine eigene Expansion. Aber auch der Konsum und die Investitionen wurden spürbar angekurbelt. Zusätzlich waren die zum Beginn der Währungsunion fixierten Wechselkurse für einige der Länder zu günstig, was wiederum den Export beflügelte. Diese binnenwirtschaftliche Expansion wurde nach 1999 dadurch unterstützt, dass die einheitliche Geldpolitik gerade in den stärker inflationierenden Ländern zu deutlich sinkenden Realzinsen führte.

Der damit angelegte Aufschwung regte erhebliche Lohnsteigerungen an, die regelmäßig den zumeist sehr geringen Zuwachs der Arbeitsproduktivität überforderten. Der daraus unweigerlich resultierende Anstieg der Lohnstückkosten verschlechterte die Wettbewerbsfähigkeit der betroffenen Länder. Die Exporte verteuerten sich stark, die Importe stiegen angesichts der Lohnsteigerungen und des Immobilienbooms. Im Ergebnis stiegen die Leistungsbilanzdefizite deutlich: bis zur Finanz- und Wirtschaftskrise auf 14 Prozent des Bruttoinlandsprodukts in Griechenland sowie 10 Prozent in Portugal und Spanien (2007).

Insofern sind die Ungleichgewichte, die heute die Kapitalmärkte beunruhigen, Folgen mangelnder Disziplin in den betroffenen Ländern. Die Heilung kann letztlich nur durch eine umfassende Nachlieferung des Versäumten in diesen Volkswirtschaften gelingen. Fiskalische Disziplin ist dafür ebenso zu fordern wie lohnpolitische Zurückhaltung. Freilich kann das kurzfristig kaum gelingen, allein die politischen Widerstände waren und sind enorm. Der Euro wurde als Sündenbock gebrandmarkt. Ankündigungen der jeweiligen Regierung über Sparpakete beruhigten die Märkte nicht; verschlissenes Vertrauen ist eben nicht leicht zurückzugewinnen.

Da ein Austritt aus der Währungsunion allenfalls theoretisch skizzierbar ist, aber unter den obwaltenden Umständen als Offenbarungseid zu werten wäre, mussten die Südländer Reputation und Glaubwürdigkeit importieren. Der eigentlich geborene Partner für eine solche Aktion, der Internationale Währungsfonds, wurde allerdings als alleinige Option von den Europäern schnell verworfen. Danach konnten nur Hilfestellungen der starken Länder – allen voran Deutschland – den gewünschten Reputationsgewinn bewirken. Freilich stand dem Artikel 125 des Vertrags über die Arbeitsweise der Europäischen Union (AEUV, 2008) entgegen, der ein »Bail-out« innerhalb der Währungsunion ausschließt. Die fiskalische Disziplin soll dadurch gefördert und der Sanktionsmechanismus der Kapitalmärkte gestärkt werden – wir wissen heute, dass beides naiv war.

Artikel 122 Absatz 2 AEUV bietet jedoch die Möglichkeit des Beistands bei schweren Belastungen. Die Krise im Frühjahr 2010 konnte – mit etwas Wohlwollen – als eine solche Situation gewertet werden. Denkbar waren temporäre Garantien, zudem Hilfskredite starker Volkswirtschaften, die mit einem Zinsaufschlag, aber deutlich unterhalb der Risikoprämien des Marktes, zu versehen waren.

Als im Mai 2010 die Märkte für europäische Staatsanleihen schließlich zeitweilig auszutrocknen drohten, mussten die Europäer versuchen, in den Kapitalmärkten wieder »vor die Kurve« zu kommen. Das erforderte ein massives Signal der Vertrauensbildung und damit der Stabilisierung der Erwartungen. So beschlossen die europäischen Staats- und Regierungschefs am 9. Mai 2010, zusätzlich zu der bereits verabschiedeten Griechenlandhilfe unter Bezugnahme auf Artikel 122 Absatz 2 AEUV den »European Stabilization Mechanism« für einen auf drei Jahre begrenzten Zeitraum einzurichten.

Doch bis es so weit kam, war ein konfliktreicher Weg zurückzulegen. Europa musste Fragen beantworten, die zuvor außerhalb der Vorstellungswelt der politisch Handelnden wie der europäischen Vertragswerke lagen. Dass sich dabei mancher Versuch als Irrtum erwies, wird man nicht zum Vorwurf erheben können, wohl aber manche Naivität im Vorfeld. Der Offenbarungseid der neuen griechischen Regierung im Oktober 2009 hatte wie ein definitiver Weckruf an die Märkte gewirkt. Sichtbar wurde, wie fragwürdig manche Instrumente der Politikorientierung – wie Ratings – sind, besonders wenn ein naiver Glaube daran dazu führt, dass die dann erst recht notwendige spezifische Würdigung nicht mehr oder nicht angemessen geleistet wird. Das gilt gleichermaßen für die Politik wie für die Akteure an den Kapitalmärkten.

Griechenland geriet damit zu Jahresbeginn 2010 in eine dramatische Situation. Es erfuhr, was es bedeutet, in einer Währungsunion die Regeln nicht einzuhalten. Die Regierung hatte von Beginn an keine wirkliche Alternative zu drastischen Einschnitten, um nur ein Mindestmaß an fiskalischer Handlungsfähigkeit wiederzugewinnen und an den Kapitalmärkten neues Vertrauen zu begründen. Diese Regierung trägt nicht die Verantwortung für die Fehler früherer Amtsträger, gleichwohl trifft sie die politische Haftung. So ist das nun einmal in kollektiven Systemen, dem Fluch der Vergangenheit entgeht man nicht.

Da ist es durchaus verständlich, aber nicht akzeptabel, wenn man anderen Ländern eine Mitverantwortung anzudichten versucht. Der griechische Ministerpräsident und sein Finanzminister haben den Institutionen und Partnern in der Europäischen Union vorgeworfen, bei der Entscheidung über den Beitritt Griechenlands zur Währungsunion nicht richtig hingeschaut, nicht richtig geprüft zu haben. Hier schimmert ein verlogenes Verständnis von Haftung durch. Wie viel Schuld trifft den Kontrolleur, der eine Fälschung nicht erkennt? Welche Schuld verbleibt beim Fälscher?

Das Versagen der europäischen Institutionen, die finanzpolitische Situation Griechenlands angemessen einzuschätzen, kann keine entlastende Wirkung haben und einen Bruch maßgeblicher vertraglicher Regelungen legitimieren. Daran darf kein Zweifel gelassen werden. Doch eines wird uns durch den Fall Griechenland und seine politischen Arabesken wiederum vor Augen geführt: Der naive Glaube an die Zahl kann das wägende Urteil nicht ersetzen!

Dabei verführt uns die Zahl in ihrer unumstößlichen Präzision und Klarheit zur Bequemlichkeit. Sie offeriert eine Gewissheit des Augenblicks, den wir gerne zur Ewigkeit verklären. Wenn es üblich ist, das wägende Urteil durch den Report von Daten, Zahlenreihen oder Indikatoren zu ersetzen, dann verlernen wir, verantwortlich zu handeln. Nicht selten war in den Krisen von Bankern zu hören, dass sie keine Verantwortung treffe, weil die Ratingagenturen ja alles mit Bestnoten versehen hätten und der Kapitalmarkt dies auch akzeptiert habe. Die reklamierte Unmündigkeit ist selbstverschuldet und exkulpiert einen deshalb nicht.

Die Kunst der konstruktiven Auseinandersetzung wird uns abhandenkommen, wenn wir die differenzierte Argumentation auf Basis der gewonnenen Daten nicht versuchen. Wer will wofür streiten, wenn er doch nur auf den Algorithmus verweisen kann, den andere entworfen haben. Erinnern wir uns, welchen Aufschrei 1997 der damalige Finanzminister Waigel mit seinem Hinweis auslöste, dass Italien unter den obwaltenden Umständen der Europäischen

Währungsunion nicht angehören könne. Darum geht es: Wir müssen Sachverhalte würdigen, wir müssen entscheiden, und wir müssen verantworten.

So hielt Griechenland – später unterstützt von Irland, aber auch Portugal und Spanien – Europa in Atem. Die Lage der öffentlichen Haushalte in Griechenland war kein schlichter Regelverstoß gegen die Fiskalkriterien der Europäischen Währungsunion, sondern kam einem Offenbarungseid gleich. Insofern muss der freilich nur gelegentliche, aber gleichwohl mit Opfern verbundene dramatische Aufruhr auf den Straßen des Landes nicht verwundern. Es geht letztlich um das Verständnis staatlicher Aufgaben und gemeinsamer Verantwortung. Die Krise der öffentlichen Finanzen indiziert die Krise des Staates.

Solche fundamentalen Konflikte führen zu dem Versuch, den unvermeidbaren Verteilungskampf um die staatlichen Ressourcen und die privaten Anpassungslasten zu externalisieren oder zu vertagen. Erstaunlich waren Vorschläge und Diskussionsbeiträge aus internationalen Institutionen wie von Ökonomen, die direkt oder indirekt die akute griechische Neigung zur Verdrängung des Problems unterstützten. Von Seiten des Internationalen Währungsfonds wurde die Idee propagiert, die Weltwirtschaft zu reflationieren, also auf längere Sicht Inflation zuzulassen, was weit von dem wissenschaftlich gut begründeten Ziel der Preisniveaustabilität wegführt. Inflation folgt dem Versuch, einen akuten Verteilungskonflikt zu vertagen und ihn damit künftigen Generationen aufzubürden. Dem politischen Zeitgewinn stehen hohe gesamtwirtschaftliche Kosten gegenüber.

Die genannte Zielinflation von 4 Prozent hätte weitreichende Folgen für die Struktur der relativen Preise und – über die Risikoprämie – für das Realzinsniveau, somit für Wachstum und Verteilungschancen. Dagegen steht scheinbar eine Entlastung bei den Staatsfinanzen. Die Schulden würden real entwertet, die Steuereinnahmen über die progressive Einkommensteuer künstlich aufgebläht. Der Staat würde als Inflationsgewinner für seine Verfehlungen auch noch prämiert. Die Europäische Währungsunion, als Stabilitätsgemeinschaft gegründet, käme durch die Finanzpolitik und die Geldpolitik unter Druck. Der Vertrauensverlust wäre fundamental.

Eine andere Argumentation der Entlastung wurde den Griechen während der Hochzeit der Krise durch deutsche Ökonomen dargeboten. Der deutsche Exportüberschuss – so lautet das saldenmechanisch unterlegte Argument – dränge den Rest der Welt zu einem Handelsbilanzdefizit. Da die Deutschen zu viel arbeiteten, zu viel sparten und zu viel exportierten, blieb den Griechen nichts anderes übrig, als zu wenig zu arbeiten, zu viel zu konsumieren und zu wenig zu exportieren. Damit sei klar, dass nur Deutschland durch Änderung seines Geschäftsmodells Abhilfe schaffen könne.

Indes: Die deutsche Wettbewerbsstärke ist – wie dargestellt – Ausdruck eines leistungsfähigen Produktportfolios – vor allem deutsche Investitionsgüter sind auf den Weltmärkten gefragt. Zudem ergibt sich aus der Saldenmechanik grenzüberschreitender Transaktionen noch keine Zwangsläufigkeit bilateraler Austauschverhältnisse. So ist der Anteil Griechenlands an der deutschen Warenausfuhr seit 2000 konstant geblieben, und der Anteil deutscher Waren an den griechischen Gesamtimporten nur leicht von 13,1 Prozent im Jahr 2000 auf 13,5 Prozent im Jahr 2008 gestiegen. Von der griechischen »Importparty« haben somit viele andere Länder mehr profitiert. Die Bundesbank hat im Monatsbericht vom Juli 2010 ermittelt, was eine Erhöhung des deutschen Imports – unabhängig von dem Wie – brächte. Danach würde eine deutsche Importsteigerung um 10 Prozent die Leistungsbilanz der Südländer, bezogen auf das Bruttoinlandsprodukt, gerade einmal um 0,25 Prozentpunkte verringern (Deutsche Bundesbank 2010).

Gerne wird übersehen, dass die globale Saldenmechanik durch eine nationale ergänzt wird: Dem Saldo der Leistungsbilanz entspricht bei freiem Kapitalverkehr der Saldo der Kapitalbilanz.

Wenn Deutschland spart, dann schafft es damit ein Potenzial für Investitionsfinanzierungen in anderen Ländern. Dadurch entstehen dort Chancen für mehr Wachstum und Beschäftigung. Dass die deutsche Wirtschaft solche Aufholprozesse mit ihrem Warensortiment befördert, ist kein Grund zur Klage. Wir sind die Ausrüster der Schwellenländer, wie der Export von Investitionsgütern zeigt. Wer fordert, wir müssten von unserer Exportorientierung weg, der erteilt unserer industriebasierten Wirtschaft eine Absage. Die Industriestärke ist Folge eines historischen Spezialisierungsprozesses unter den Bedingungen der Globalisierung und ihres institutionellen Rahmens. So gilt: Die Griechen haben ihre Krise alleine zu verantworten, sie müssen trotz der gewährten Unterstützung letztlich mit Disziplin selbst aus ihr herausfinden. Alternativen haben sie nicht wirklich. Und es scheint angesichts der jüngsten Parlamentsbeschlüsse zunehmend so, dass sie dies akzeptieren und dass dies anerkannt wird.

Angesichts dieser Zusammenhänge und der Anpassungspflicht von Ländern mit einem Defizit in der Leistungsbilanz stellt sich die Frage: Warum sorgte (und sorgt) sich Europa eigentlich um Griechenland (und um Irland)? Anders gewendet: Warum soll ein Zahlungsmittel in Reputationsschwierigkeiten geraten, wenn einzelne Staaten mit ihrer Zahlungsfähigkeit ernste Probleme haben? Die Finanzkrise in Kalifornien im Jahr 2009 hat den US-Dollar nicht geschwächt, die Haushaltsnotlage im Saarland und in Bremen hat in den 1990er Jahren den Wert der D-Mark nicht beeinträchtigt. Diese Hinweise sind keine Provokation unserer Freunde in einem beliebten Urlaubsland. Sie machen aber zum einen klar, dass es sich nur politisch, nicht aber ökonomisch um eine Krise der Währungsunion handelt. Sie enthalten zum anderen die schlichte Aufforderung, über die Grundlagen der europäischen Währungsintegration nachzudenken, bevor institutionelle Neuerungen beschlossen oder fragwürdige Forderungen – wie die nach einem deutschen Exportverzicht – kultiviert werden. Nehmen wir es sportlich: Die Krise der Staatsfinanzen Griechenlands und Co. gibt Europa die Chance zur Selbstvergewisserung.

Dabei hilft ein Blick zurück. Die Diskussionen nach dem Abschluss des Vertrages von Maastricht und vor dem Beschluss über die gemeinsame Währung waren geprägt von der Frage, wie bei fehlender politischer Union die finanzpolitische Disziplin der Euro-Mitglieder auf Dauer gewährleistet werden kann. Der Sachverständigenrat zur Begutachtung der gesamtwirtschaftlichen Entwicklung hatte immer darauf hingewiesen, dass deshalb die Nichtaufnahme in die Währungsunion als entscheidende Sanktion ernst genommen werden muss. Im Falle Griechenlands ist manches schiefgelaufen. Aber kein Fehler der Vergangenheit rechtfertigt einen fortgesetzten leichtfertigen Umgang mit selbstgesetzten Regeln.

Die seinerzeit artikulierten Sorgen waren das Fundament, auf dem der Stabilitäts- und Wachstumspakt entwickelt wurde. Die Schärfung der fiskalpolitischen Kriterien sollte noch einmal allen politischen Kräften wie allen Finanzmarktakteuren deutlich machen, dass es Europa damit und so mit sich selbst ernst meint. Es war vor allem das Verdienst der damaligen Bundesregierung, trotz anfänglich nicht unerheblicher Widerstände in Europa diesen Pakt zu vollenden.

Nun, da wir erstmals erleben konnten, dass im Falle einer finanzpolitischen Überdehnung in einem Mitgliedsland die Kapitalmärkte dies – spät und sogar zu spät – sanktionieren und entsprechende Risikoprämien einfordern, wurde so getan, als sei es unerwartet, unerwünscht, kurz: eine böse Überraschung, die nur die Fehlsteuerung des Finanzsystems indiziere. Der Haftungsausschluss für die Schulden anderer Euroländer gehört aber zur Geschäftsgrundlage der Währungsunion, da nur so die mangelnde Budgetdisziplin einzelner Länder wirksam durch unterschiedliche Bonitätseinstufungen der Finanzmärkte beantwortet wird. Wer den Haftungsausschluss in Frage stellt, der schädigt durch höhere Risikoprämien alle Beteiligten.

## Die Eurozone als Schicksalsgemeinschaft

Halten wir fest: Das Schlimmste war passiert, was der Europäischen Währungsunion widerfahren konnte. Unsolide Finanzpolitik von Mitgliedern, falsche Entscheidungen über den Beitritt einzelner Staaten, die Verweigerung der Anpassungspflichten seitens der Defizitländer und fehlende Sanktionsmöglichkeiten der Geldpolitik bringen die Währungsunion just so ins Trudeln, wie es die Kritiker in den 1990er Jahren prophezeit haben: Das Fehlen einer politischen Union lässt sich durch Staatsverträge und Selbstbindungen nicht ersetzen! Mit dem »European Stabilization Mechanism« wurden alte Ängste vor einer Transferunion belebt: Die nachträgliche Bestätigung vieler Sorgen und Zweifel kann jedoch nicht darüber hinweggehen, dass die gemeinsame Währung in den ersten zehn Jahren ihrer Existenz vor allem eine Erfolgsgeschichte war.

Was ist zu tun? Die Schaffung einer politischen Union ist nach den Debatten um den europäischen Verfassungsvertrag unverändert illusionär. Die Stärkung des Stabilitäts- und Wachstumspaktes – etwa durch nationale verfassungsrechtliche Schuldenbremsen – bleibt auch nach den Beschlüssen des Europäischen Rates vom Herbst 2010 im Ungefähren. Mit der Verunsicherung über Irland und der schließlich notwendigen Intervention der europäischen Partner zu seiner Stützung wurde die Fantasie der Anleihemärkte auf einen Dominoeffekt in Portugal und Spanien gelenkt. Gar nichts mehr schien vorübergehend unmöglich.

Vor dieser Kulisse wird der Austritt aus der Währungsunion oder deren Neuordnung durch Aufspaltung ins Gespräch gebracht. Die Tatsache, dass ein solcher Schritt in den europäischen Verträgen nicht vorgesehen ist, liefert kein starkes Gegenargument. Es muss nach der Erfahrung mit Griechenland alles bedacht werden. Doch ein Austritt ist für ein Defizitland praktisch kaum realisierbar. Denn schon die Wahrscheinlichkeit würde die griechischen

Privatanleger in die Banken treiben, um ihre Geldvermögen in Euro abzuheben. Wer will schon die künftige griechische Schwachwährung haben? Die Grenzen müssten während der Umstellungsphase ohne Ausnahmen geschlossen werden. Ungeklärt ist, wie technisch die Währungsumstellung gelingen kann, ohne den notwendigen Überraschungseffekt zu gefährden.

Der Ansturm auf Euro-Bargeld würde das griechische Bankensystem destabilisieren. Die von den dortigen Banken erbrachten Finanzierungen, beispielsweise in Südosteuropa, würden zur Sicherung der Liquidität vor der Fälligkeit eingetrieben werden. Unverändert hätte der griechische Staat seine in Euro und US-Dollar begebenen Anleihen in diesen Währungen zu bedienen. Die ganze Hoffnung des Austritts richtete sich auf die Abwertung, um die preisliche Wettbewerbsfähigkeit der griechischen Unternehmen zu verbessern und die wirtschaftliche Dynamik zu stärken.

Angesichts der ohnehin schon hohen Energie- und Rohstoffpreise verteuern sich aber die importierten Vorleistungen deutlich, was die Wettbewerbsfähigkeit oder die Ertragskraft der griechischen Unternehmen wiederum schwächt. Der Anpassungsprozess infolge eines Austritts aus der Währungsunion würde, das lassen diese Hinweise erkennen, keineswegs leichter fallen als der Verbleib in der gemeinsamen Währung. Griechenland muss sich so oder so einer Rosskur unterziehen. Dies unter den Bedingungen der Währungsunion zu tun dürfte der Glaubwürdigkeit und damit dem Erfolg zuträglich sein. Zu bedenken ist ferner, dass bei einer dann drohenden Auflösung der gesamten Währungsunion es nicht bei einer einmaligen Abwertung bliebe, sondern ein anhaltender Abwertungswettlauf der Defizitländer drohte. Auch das spricht dafür, den schwierigen Weg unter dem Schirm der gemeinsamen Währung zu gehen.

So musste alle Sorgfalt und alle Deutlichkeit auf die Fixierung der Auflagen für die griechische Haushaltspolitik verwendet werden. Die faktische Ausweglosigkeit der Lage Griechenlands verband sich dabei mit der selbstgeschaffenen Ausweglosigkeit für die anderen Euroländer: Die Hilfeleistung war im Mai 2010 nicht mehr vermeidbar, drastische Vorgaben an die Finanzpolitik Athens waren möglich. Die Einbindung des Internationalen Währungsfonds stärkt die Verbindlichkeit dieser Auflagen. Es muss klar werden, dass es kein Vergnügen bedeutet, in eine solche Situation zu geraten.

Die Krise um Griechenland hat deutlich gemacht, dass die Kapitalmärkte keinesfalls informationseffizient sind. Denn parallel zu der nach dem Beitritt zur Währungsunion im Jahr 2001 kräftig ansteigenden Auslandsverschuldung sanken die Risikoprämien. Auch die Ratingagenturen haben durch viel zu späte Anpassung ihren selbstgesetzten Anspruch nicht erfüllt. Die Herabstufung der griechischen und der portugiesischen Staatsanleihen im April 2010, die eine Eskalation der Stimmung an fast allen Märkten für europäische Staatsanleihen einleitete, war jedenfalls in Ausmaß und Timing alles andere als überzeugend.

Die Forderung nach einer Einbindung der Gläubiger in die Umschuldung Griechenlands ist anreiztheoretisch nur zu berechtigt. Eine Wertherabsetzung der griechischen Staatsanleihen, ein Zinsmoratorium oder veränderte Zahlungsbedingungen sind dafür denkbar. Die Erfahrungen mit Auslandsschuldenkrisen der Vergangenheit lassen grüßen (Busch, Jäger, Matthes 2010). Die Entwicklung der Risikoprämien für Griechenland ließ zeitweilig erkennen, dass die Anleger mit einer solchen Möglichkeit auch unter dem Rettungsschirm durch die Partner in der Währungsunion rechnen.

Dabei wurden mit dem Beschluss über das Rettungspaket die Anpassungsleistungen der Griechen definiert und einer strengen Überwachung der EU sowie des Internationalen Währungsfonds ausgesetzt. Bei der Umsetzung wird natürlich mit Hoffnungswerten gehandelt, wenngleich seitdem die griechische Regierung mit Konsequenz ans Werk geht. Im Dezember 2010 gelang es ihr, das harte Sparprogramm durch das Parlament zu bringen. Ohne die klaren und unmissverständlichen Auflagen der europäischen Partner wäre es so schnell nicht so weit gekommen.

Die Entwicklungen des Jahres 2010 haben eines klar gezeigt: Die europäischen Verträge für die gemeinsame Währung sind nur dann als vollständig zu betrachten, wenn man unterstellt, dass die nationale Finanzpolitik sich ausnahmslos den Bedingungen der gemeinsamen Währung unterordnet und dass damit die Regeln für das Verbot gemeinschaftlicher Verantwortung für die Finanzpolitik (Art. 125 AEUV) sowie die Vermeidung exzessiver Defizite (Art. 126 AEUV und Stabilitäts- und Wachstumspakt) effektiv sind.

Deshalb sind fundamentale Lehren aus der Krise zu ziehen, die mit Griechenland begann und später Irland erfasste. Die dafür vorgetragenen Argumente und Wertungen greifen auf unterschiedliche Zusammenhänge zurück. Einmal werden aus verfassungsrechtlicher Sicht Zweifel reaktiviert, die schon gegen die Gründung der Europäischen Währungsunion angeführt worden waren. Es ist gut, dass unser Land wache Geister hat, die das hohe Gut der Währungsstabilität verteidigen und die öffentliche Wahrnehmung dafür schärfen. Doch etwas schräg muss schon anmuten, dass die Protagonisten – ganz wie die wiedererweckten Streiter gegen Gorleben – wie Kämpfer im zweiten Frühling agieren. Glaubt man denn, Europa hätte Griechenland ohne den Euro einfach fallen gelassen?

Um Missverständnissen vorzubeugen: Die Regelverstöße der europäischen Regierungen gegen den Vertrag von Maastricht und den Stabilitäts- und Wachstumspakt sind allesamt inakzeptabel. Jeder für sich vermochte die nächste Verfehlung zu heiligen. Das gilt für den Beschluss über den Beitritt Griechenlands ebenso wie für die Aufweichung der Fiskalkriterien, als diese von Deutschland mehrfach gerissen wurden. Doch die entscheidende Frage ist: Entwerten Regelverstöße die Regeln? Und: Stellen sie den Sinn und den Zweck der Währungsunion in Frage?

So argumentieren viele, die nun entweder der Mut oder das Zutrauen verlassen hat, die Europäische Währungsunion könne ihren Auftrag weiter erfüllen. So argumentieren aber auch viele, die scheinbar nur darauf gewartet haben, öffentlichkeitswirksam den Euro abzuschreiben. Realistisch und gut begründet ist beides nicht. Verstöße gegen unsere Gesetze haben diese nicht annulliert. Das Fahren bei roter Ampel stellt die Sinnhaftigkeit dieser Koordinationsregel nicht in Frage. Alles entscheidend ist freilich, dass grundsätzlich Sanktionen glaubwürdig drohen.

Diese Lektion haben wir aus der Causa Griechenland zu lernen: Frühe Sanktionen mindern das Potenzial grundlegender Verwerfungen. Späte Sanktionen sind richtig schmerzhaft. Die griechische Regierung musste sich dieser Einsicht beugen. Das Land erhält die einmalige Chance, im Sinne einer nachholenden Modernisierung die staatlichen Strukturen zukunftsfähig zu machen. Jetzt gilt es, den realwirtschaftlichen Anpassungsbedarf ernst zu nehmen. Freilich: Es gibt keine Gewähr des Erfolgs, aber ebenso wenig eine Zwangsläufigkeit des Misserfolgs.

Stets können die verantwortlichen Akteure intervenieren und korrigieren. Fatalismus ist fehl am Platz. Zu bedeutsam sind – wie betont – die Vorteile, die wir alle aus der gemeinsamen europäischen Währung ziehen: geringere Transaktionskosten, vermiedene Kurssicherungsgeschäfte, Stärkung der europäischen Kapitalmärkte und die gelebte europäische Verpflichtung zur Preisniveaustabilität. Jene, die jetzt das Ende des Euro freudig erwarten, haben wohl vergessen, wie es zuvor war. Um das Schreckgemälde vollständig zu machen, werden Inflationssorgen geschürt.

So hatten die Finanzmärkte zunächst Anfang Mai 2010, dann wieder im Herbst 2010 in einer Eskalation des Misstrauens sich nicht mehr nur gegen die Haushaltssünder in der Europäischen Währungsunion positioniert, sondern offenbar diese selbst fundamental in Zweifel gezogen. Das wollten die Verantwortlichen in der Eurozone nicht einfach sprach- und tatenlos zur Kenntnis nehmen. Das weitgehende Austrocknen der Märkte für europäische Staatsanleihen, das nur noch Bundesanleihen handelbar ließ, war ein dramatisches Warnsignal. So stellte sich die Frage, ob es der europäischen Politik gelingen kann, vom Getriebenen wieder zum Akteur zu werden. Das Rettungspaket war offensichtlich groß und überraschend genug, um die Kapitalmärkte bis in den Herbst hinein zu beruhigen.

Der »European Stabilization Mechanism« legt fest, dass jede Hilfe der strengen Konditionalität des Internationalen Währungsfonds unterworfen wird. Das ist mehr, als wir bisher hatten. Die Haushaltsüberwachung durch die EU-Kommission ist daran gemessen ein stumpfes Schwert. Während sich nun für die Eurozone der grundsätzliche Haftungsausschluss mit einem Ultima-Ratio-Beistand bei strenger Konditionalität verbindet, begründet das bündische Prinzip in der Bundesrepublik ein Haftungsversprechen, ohne dass der Bund oder die anderen Länder angemessene Sanktionsinstrumente hätten. Die Einschränkung der Souveränität der Bundesländer, auch nur vorübergehend, ist nicht möglich. Dies muss bedenken, wer Europa in Zweifel zieht oder auch nur den zeitweisen Entzug von Stimmrechten für Defizitsünder in der EWU fordert.

Tiefe und berechtigte Sorge löst hingegen aus, dass die Europäische Zentralbank erstmals dem schlechten Beispiel der US-amerikanischen Federal Reserve und der Bank of England folgte und Staatsanleihen kaufte. Damit wurde in die Preisbildung der jeweiligen Papiere eingegriffen. Von Mai bis Dezember 2010, als die EZB besonders an diesen Märkten intervenierte, wurden Staatsanleihen im Wert 73,5 Mrd. Euro erworben, davon zu mehr als der Hälfte griechische Anleihen, für den Rest irische und portugiesische Staatspapiere. Die EZB hat das dadurch zusätzlich geschaffene Geld dem Markt wieder entzogen.

Dennoch rüttelt dieses Vorgehen an den Grundfesten der Währungsunion, der Unabhängigkeit der Notenbank. Zweifel werden genährt, ob die EZB künftig dem politischen Druck ebenso wird standhalten können wie in der ersten Dekade europäischer Geldpolitik. Doch zur Erinnerung: Nicht minder gefährlich wäre es, wie für die Bundesbank im Zuge einer Zusammenführung mit der Bundesanstalt für Finanzdienstleistungsaufsicht (BaFin) diskutiert wird, wenn Notenbanken des Eurosystems teilweise der Rechts- und Fachaufsicht des Finanzministers unterstellt würden. Die virulenten Sorgen vor der Inflation infolge hoher Staatsverschuldung werden jedenfalls so oder so befeuert. Argwohn war schon zuvor angezeigt, weil aus der Notenbank keine deutlichen Äußerungen zu vernehmen waren. Aufklärung ist nun dringend geboten, zumal die EZB Anfang Dezember 2010 nur die bloße Fortsetzung des Aufkaufprogramms für Staatsanleihen bis in das Jahr 2011 verkündet hat. Immerhin ging das Engagement der europäischen Notenbank am Markt für Staatsanleihen, das im Frühjahr bei einem Wochenwert von über 10 Mrd. Euro lag, nach wieder leichter Erhöhung auch im Dezember mit rund 1,5 Mrd. Euro in der Woche nur moderat weiter.

Unser Augenmerk muss sich schließlich auf die Ineffizienz der Kapitalmärkte richten. Es geht nicht um das Zuschieben von Verantwortung an Spekulanten, die stets nur dann einen großen Hebel haben, wenn sie auf politisch zu verantwortende Fehlbewertungen stoßen. Aber es bleibt die Frage, wie die Akteure an den Kapitalmärkten zu risikosensiblerem Verhalten angeregt werden können. Die späte Einsicht, dass es der Auslandsverschuldung Griechenlands an Tragfähigkeit mangelte, war ja kein Einzelfall. So wiesen beispielsweise mexikanische Staatsanleihen noch im Juli 1982 die geringste Risikoprämie auf, aber schon im August 1982 war der Staat zahlungsunfähig. Umso misslicher ist es, dass der Euro-Rettungsschirm fatale Fehlanreize setzt. Gläubiger erhalten den Eindruck, dass sie von den Steuerzahlern Europas abgesichert werden. Das kann auf Dauer nicht gut gehen. Die Gläubiger müssen künftig systematisch in die Lösung vergleichbarer fiskalischer Probleme eingebunden werden. Dieser Grundsatz verbindet sich mit der Diskussion um ein geordnetes Insolvenzverfahren für Staaten, was nur bedeuten kann, dass Gläubiger in solchen Fällen künftig definitiv einen Teil ihrer Ansprüche aufgeben müssen.

Die Bundesregierung hat früh für die Einführung einer Insolvenzordnung plädiert, um die Einbindung der Gläubiger der Staatsschulden sicherzustellen. Nun bezieht sich das Insolvenzrecht auf Unternehmen und Privatpersonen, nicht aber auf Staaten. Doch dessen Entwicklung in den vergangenen Jahren, neben die Abwicklung von Unternehmen gleichwertig die Restrukturierungsoption zu stellen, lässt die Analogie zu Staaten in finanzieller Bedrängnis plausibler erscheinen. Nichts anderes als eine Restrukturierung passiert derzeit in Griechenland und Irland, nur ohne Inanspruchnahme der privaten Gläubiger.

Der Europäische Rat hat mit seinen Beschlüssen zunächst Ende Oktober und dann im Dezember 2010 die Einbindung der Gläubiger grundsätzlich geregelt. Dass dabei noch manches im Unklaren blieb und bleiben musste, hat die Anleihemärkte stark verunsichert und eine neue Welle des Misstrauens bei den Anlegern ausgelöst. Dabei ist zu bedenken, dass die Gläubiger neben der Unsicherheit über die Fähigkeit der betreffenden Staaten, ihren Schuldendienst zu erbringen, zugleich mit zwei weiteren Unsicherheiten leben müssen: erstens mit der Unsicherheit über das Verhalten der anderen Gläubiger, zweitens mit der Unsicherheit über die dauerhafte europäische Antwort auf staatliche Finanzkrisen. Eine Insolvenzordnung kann deshalb nur als Teil eines umfassenderen Restrukturierungsmechanismus wirksam werden, wenn die beiden besonderen Unsicherheiten adressiert werden.

Die vom Europäischen Rat formulierte Kombination von Gläubigerbeteiligung, Einbindung des Internationalen Währungsfonds (IWF) sowie bilateraler Hilfe der Euroländer definiert dafür einen angemessenen Rahmen. All dies zielt darauf, durch eine forcierte Restrukturierung der Staatsfinanzen des betroffenen Landes dessen Zugang zum Kapitalmarkt wieder zu normalisieren. Für die Ausgestaltung der Gläubigerbeteiligung gibt es keine wirklichen

Vorbildlösungen, auf die man zurückgreifen könnte. Auch die Vereinigten Staaten kennen keinen formalen Regelmechanismus bei einer Zahlungsunfähigkeit eines der 50 Bundesstaaten. In der Literatur ist dieses Thema bislang lediglich für Entwicklungsländer und Schwellenländer systematisiert worden.

In der gegenwärtigen Situation musste also Neuland betreten werden. Dies geschieht mit dem am 28. November 2010 von den EWU-Finanzministern beschlossenen Europäischen Stabilisierungsmechanismus (ESM), der den befristeten Rettungsschirm Mitte 2013 ablösen wird. Der ESM wird zwischen Krisen aufgrund von Zahlungsunfähigkeit und aufgrund von Überschuldung unterscheiden. Dies wird durch eine Schuldenanalyse geschehen, die EU-Kommission, der IWF und die EZB gemeinsam vornehmen. Derartige Schuldenanalysen sind übliche IWF-Praxis. Falls die Analyse ein Problem vorübergehender Zahlungsunfähigkeit erkennt, so wird der ESM diese Illiquidität überbrücken und im Gegenzug für ein Sparprogramm des betroffenen Staates sorgen. Die privaten Gläubiger sollen so ermutigt werden, ihre Kreditlinien beizubehalten. Dies ist ebenfalls gängiges Vorgehen des IWF. Für den Fall, dass ein Land tatsächlich dauerhaft zahlungsunfähig sein sollte, wird das Land hingegen, wie unter IWF-Regeln, einen Restrukturierungsplan mit seinen privaten Gläubigern aushandeln müssen. Der ESM kann in diesem Fall Liquiditätshilfen gewähren. Zu diesem Zweck werden ab Mitte 2013 alle neu emittierten Staatsanleihen des Eurogebietes eine standardisierte, identische Collective Action Clause enthalten, also eine Vertragsklausel, die eine Umschuldung auch gegen den Willen einer Minderheit der Gläubiger ermöglicht. Sie wird so gestaltet, dass alle nach 2013 begebenen Anleihen in den Verhandlungen gemeinsam berücksichtigt werden.

Diese Lösung vermag nicht vollends zu überzeugen, weil die Einbindung der Gläubiger stark konditioniert wird. Allerdings wird die Grundidee einer Insolvenzordnung umgesetzt, die finanzielle Restrukturierung im Problemstaat einzuleiten und zu begleiten. Ein Prozess kollektiven Lernens kann damit beginnen. Sinnvollerweise sollte geprüft werden, ob die Gläubigereinbindung als defensive Maßnahme zur Veränderung der Anreizstrukturen im Markt für Staatsanleihen nicht durch eine offensive Regelung sinnvoll ergänzt werden kann, die über *Basel III* und *Solvency II* für Staatsanleihen eine Unterlegung mit Eigenkapital verlangt. Das dürfte das Potenzial für die Neuverschuldung der Staaten grundlegend verändern.

Mit diesen Beschlüssen verbindet sich die eindeutige Verpflichtung der Europäer zu ihrer Währung. Wer stattdessen das Ende der gemeinsamen europäischen Währung propagiert, der muss erklären, wie die Nachfolgelösung aussehen soll und wie der Übergang zu gestalten ist, ohne dass Chaos auf den Finanzmärkten ausbricht. Dazu hört man nichts. Will man ernsthaft vorschlagen, die D-Mark wieder einzuführen, und damit die Konflikte der 1980er und 1990er Jahre neu beleben? Was wäre mit einem Europäischen Wechselkursmechanismus (EWS) III gewonnen? Geht die internationale Debatte angesichts der Wechselkursdebatten im Herbst 2010 und der Sorge über einen »Weltkrieg um Währungen« nicht zu Recht in eine andere Richtung? Die Gremien des Internationalen Währungsfonds haben diesen auf der Jahrestagung im Oktober 2010 gebeten, analytisch die Ungleichgewichte aufzuarbeiten und Orientierungen für die Währungsrelationen abzuleiten. Die Einsicht, dass Währungskonflikte keine Zukunft geben, wird noch nicht zu einem neuen Weltwährungssystem führen, wohl aber zu einer ernsthaften Prüfung von Alternativen. Soll Europa da einen Schritt zurücktreten und die globale Verantwortung negieren?

Die mit dem Euro-Rettungsschirm gewonnene Zeit, um die notwendigen Veränderungen im institutionellen Rahmen der Währungsunion einzuleiten, wird von den europäischen Regierungen genutzt. Dass dies konfliktträchtig ist, darf weder verwundern noch besondere Reaktionen auslösen. Es muss möglich sein, Vorschläge ernsthaft zu prüfen, abzuwägen, zu verwerfen oder auch abzulehnen. Eines aber muss auch bedacht werden: Getroffene Entscheidungen sollten nicht durch neue Fundamentaldebatten in Zweifel gezogen werden, weil so an den Märkten Vertrauen zerstört wird. Das gilt für die Diskussion um die Euro-Anleihen, wie sie der luxemburgische Ministerpräsident Juncker vorgeschlagen hat, und es gilt ebenso für den Europäischen Währungsfonds, wie er immer wieder durch die Gazetten geistert.

Gemeinsame Staatsanleihen der Euroländer rekonstruieren genau das, was die Fehlsteuerung in der ersten Dekade der Währungsunion ausgelöst hat: ein weitgehend einheitliches Zinsniveau für alle Mitgliedsstaaten. Notwendig ist aber das Gegenteil: die frühzeitige Reaktion der Anleihemärkte durch differenzierte Zinssätze und damit entsprechende Risikoprämien gegenüber der Bundesanleihe. Die Idee, diese Wirkung der Märkte erst ab einem Schuldenstand von 60 Prozent des Bruttoinlandsprodukts (Maastricht-Kriterium) zuzulassen, verliert ihren Charme, wenn man die Strategieanfälligkeit erkennt. Denn 60 Prozent ist die Obergrenze der in den europäischen Verträgen akzeptierten Schuldenstandsquote, nicht aber eine Zielmarke. Und schnell käme es bei einem Erreichen für einzelne Staaten zu einem Druck, diese Grenze nach oben zu setzen, um die Finanzierungskosten gering zu halten.

Ein Europäischer Währungsfonds wäre der Einstieg in einen – wenngleich noch konditionierten – Finanzausgleich in Europas Währungsunion. Durch kleine Finanzierungsbeiträge könnten sich die Mitglieder den Beistand der anderen für den Krisenfall erkaufen. Wie bei einer Versicherung wäre der Anreiz zur Ausbeutung der Gemeinschaft gelegt. Und das alles, weil wir dem Internationalen Währungsfonds, den wir jedem Land der Dritten und aufholenden Welt als Hilfe auf dem Weg zum Heil anpreisen, kein Handlungsrecht in Europa zubilligen wollen? Jeder Notfallfonds, der so gut begründet sein mag wie möglich, ruft nach Notfällen zu seiner Nutzung. Darauf sollte man sich nicht einlassen.

Natürlich bleibt die Frage, was man tun kann, um die extremen Belastungen der Defizitländer zu mindern, ohne Europa zu gefährden. Zunächst ist daran zu erinnern, dass Währungsräume mit Wachstumsdifferenzen und Wohlstandsunterschieden den Ausgleichsmechanismus Wanderung aktiv nutzen sollten. Gerade bei unterschiedlichen demografischen Profilen bestehen dafür erhebliche Potenziale. Das Europa des Euro muss seine Scheu vor Wanderungsbewegungen ablegen, um auf diese Weise den Defizitländern Anpassungsoptionen zu eröffnen, die zugleich für die Überschussländer attraktiv sind.

Vorstellbar wäre es ebenso, Politikbereiche, die ohnehin ordnungspolitisch auf die europäische Ebene gehören, wie die Verteidigung und der Ausbau transnationaler Netze, zu vergemeinschaften. Doch das kann nur unterstützend wirken, wenn akzeptiert ist, dass für alle die Idee einer Schuldenbremse gleichermaßen bedeutsam ist und in die Verfassung gehört. Natürlich bleiben Zweifel, ob neue Regeln stärker befolgt werden. Aber die Diskussionen, die derzeit europaweit über die notwendige Verschärfung der Haushaltsüberwachung geführt werden, wären ohne diese Krise nicht vorstellbar gewesen. Das ist ein pathologischer Lernprozess, wie er für Politik und Gesellschaft typisch ist. Heute wie vor zehn Jahren gilt: Für die Währungsunion gibt es keine Gewähr eines Erfolges, es gibt aber ebenso keine Gewähr des Misserfolges. Daran sollten wir uns halten. Auch diese Krise ist eine Chance, und zwar nicht nur für rationale Optimisten. Der Euro selbst – betrachtet man sowohl den Außenwert wie den Binnenwert – löst sein Stabilitätsversprechen unverändert ein. Eine Krise des Euro erleben wir derzeit nicht.

# 5. Arbeit schafft Wachstum: Erfolge und Engpässe

Die Entwicklung der letzten fünf Jahre am Arbeitsmarkt ist erstaunlich. Bereits im Juli 2010 – also gerade einmal eindreiviertel Jahre nach der Kriseneskalation – sank die Anzahl der Jobsuchenden auf den niedrigsten Stand seit 18 Jahren, die Anzahl der Erwerbstätigen erreichte mit 40,3 Millionen den höchsten je im Juni gemessenen Wert. Auch wenn in dieser Zeit noch über 200 000 Beschäftigte Kurzarbeitergeld erhalten haben, so ändert dies nichts daran, dass Deutschland die Wirtschaftskrise überraschend schnell überwunden hat, woran vor allem der Arbeitsmarkt partizipiert. International ist vom deutschen Beschäftigungswunder die Rede – eine Phrase, die noch fünf Jahre zuvor als Hirngespinst bewertet worden wäre.

Die Agenda 2010 vom März 2003 und die damit zusammenhängenden Hartz-Reformen haben ebenso weitreichende ökonomische wie tiefgreifende politische Folgen. Wohl für kaum eine andere Reform der jüngeren bundesdeutschen Geschichte kann solches behauptet werden. Der Arbeitsmarkt befindet sich in einer deutlich verbesserten Verfassung, die soziale Grundsicherung hat eine höhere Zielgenauigkeit und die Parteienlandschaft eine andere Struktur. Anders gewendet: Am Arbeitsmarkt ist eingetreten, was erhofft und angekündigt worden war, und die Politik in Gestalt der Parteien hat sich dieser positiven Rezeption – frei nach dem Motto »nicht Ergebnisse zählen, sondern Motive und Absichten« – weitgehend verweigert. Aber der Reihe nach:

- Die strukturellen Veränderungen in der Regulierung des Arbeitsmarktes haben zusammen mit lohnpolitischer Mäßigung und höherer Flexibilität in den sozialpartnerschaftlichen Beziehungen den Aufschwung 2006 bis 2008 besonders erfolgreich werden lassen, was den Abbau der Arbeitslosigkeit und den Aufbau neuer Arbeitsplätze angeht, in jedem Fall erfolgreicher als den Aufschwung zu Beginn des Jahrzehnts.

- Neue Flexibilitätsmuster bei der Anpassung des Arbeitsvolumens (Arbeitszeitkonten, Zeitarbeit) haben in der Wirtschaftskrise zusammen mit der Sonderregelung für das Kurzarbeitergeld ihren ersten Test bestanden. Die Arbeitslosigkeit ist gemessen an Erfahrungswerten kaum gestiegen. Stattdessen sind Engpässe bei qualifizierten Arbeitskräften schon wieder das dominierende Thema.

- Kurzum: Die Mühen der Politik, der Tarifvertragsparteien sowie der Arbeitgeber und Arbeitnehmer haben sich gelohnt. Wir haben zwar nicht den Himmel auf Erden, aber einen lange nicht für möglich gehaltenen Erfolg. Das akzeptieren auch die Gewerkschaften, allerdings zumeist indirekt, indem treu dem Motto, dass nicht sein kann, was nicht sein darf, die Qualität der Arbeit kritisiert wird. Prekarisierung lautet das Schlagwort, mit dem flexible Erwerbsformen wie Teilzeit, befristete Beschäftigung, Zeitarbeit und geringfügige Arbeit als atypisch diskreditiert werden.

- Damit sind Verteilungsfragen in den Vordergrund gerückt. Der Schwund der Mittelschicht, der über den Konjunkturzyklus hinweg gar nicht stattgefunden hat, und die ebenso geringeren Aufstiegschancen der Unterschicht, haben ein Stimmungsumfeld der Sorge geschaffen. Gerade nach 2005 haben sich mit dem Rückgang der Arbeitslosigkeit die Verteilungsrelationen wieder entspannt, was der verbesserten Arbeitsmarktlage geschuldet ist. Denn das größte Armutsgefährdungsrisiko bildet die Arbeitslosigkeit. Die Politik vermag sich dennoch kaum den verteilungspolitischen Parolen zu entziehen, wie die Anläufe zur Rückabwicklung einzelner Reformen belegen.

So steht der Arbeitsmarkt nach der Krise vor einer besonderen Herausforderung: Gelingt es, die Erfolge der letzten Jahre bei der Integration bisher außenstehender Personengruppen fortzuschreiben? Dies fordert von der Politik mehr Offenheit für flexible Erwerbsformen und von den Tarifvertragsparteien, im Aufschwung Augenmaß zu wahren. Und wie gehen wir mit zwei strukturellen Problemen um, die nur scheinbar einen Widerspruch beschreiben, nämlich dem Fachkräftemangel und der Langzeitarbeitslosigkeit im Bereich geringer Qualifikationen?

## Ein überraschender Aufschwung

Es gibt ein auffälliges Bemühen, die Arbeitsmarktentwicklung des letzten Aufschwungs in ein fades Licht zu rücken. Zwar ist in den Jahren 2006 bis 2008 die Erwerbstätigkeit ungefähr gleich stark angestiegen wie in der Aufschwungphase 1998 bis 2000. Im Unterschied zum New-Economy-Boom entstanden zuletzt aber weit mehr sozialversicherungspflichtige Beschäftigungsverhältnisse (auch in Vollzeit). Im Jahr 2000 waren 47 Prozent der neu entstandenen Jobs sozialversicherungspflichtig, im Jahr 2008 waren es 96 Prozent. Die deutlich bessere Qualität des Beschäftigungsanstiegs zeigt sich auch darin, dass in den Jahren 2006 bis 2008 die geringfügige Beschäftigung kaum noch zunahm. Im Ergebnis stieg das Arbeitsvolumen fast doppelt so stark wie in der gesamtwirtschaftlich dynamischen Entwicklung am Ende des letzten Jahrzehnts. Zudem konnte die Erwerbsbeteiligung in allen Altersgruppen erhöht werden. Erstmals gelang es, den üblichen Anstieg der Sockelarbeitslosigkeit zu durchbrechen: Die Arbeitslosenzahl 2008 sank deutlich unter das Niveau des vorangegangenen Booms.

Die Erfolge bei der Reduzierung der Arbeitslosigkeit sind dabei nicht, wie vielfach von interessierter Seite behauptet wird, Resultat von Änderungen der statistischen Erfassung. Berechnungen des Sachverständigenrates zeigen vielmehr, dass das Ausmaß der verdeckten Arbeitslosigkeit langfristig deutlich zurückgeht. Zudem kann bei der nach ILO-Konzept ermittelten Arbeitslosigkeit ein dementsprechender Rückgang beobachtet werden. Alles in allem kein Grund zur Zufriedenheit, aber ein Grund zur Freude über die deutliche Besserung am Arbeitsmarkt.

Doch interessierte Kreise können derartige Erfolge nicht gelten lassen, sie behaupten ins Blaue hinein, Hartz IV und Zeitarbeit hätten zu einem Erdrutsch bei den regulären Arbeitsplätzen geführt. Was sagen die Daten? Erstens: Bezogen auf die Bevölkerung im erwerbsfähigen Alter ist der Anteil unbefristeter Vollzeitstellen auf lange Sicht allenfalls geringfügig gesunken, ihre absolute Anzahl aber nahezu konstant geblieben. Der Anstieg der unbefristeten Teilzeitbeschäftigung und der Minijobs seit 2003 wurde aus Nichterwerbstätigkeit gespeist. Der Anteil der stillen Reserve und der Arbeitslosen ging von 2003 bis 2008 von 33 Prozent auf 27 Prozent zurück. So entstand die zusätzliche Beschäftigung in flexiblen Erwerbsformen, indem Menschen Möglichkeiten geboten wurden, die vorher am Arbeitsmarkt nicht Fuß fassen konnten. Dabei folgt – laut Mikrozensus zu fast 90 Prozent – der Anstieg der Teilzeit ganz überwiegend den persönlichen Wünschen der Beschäftigten.

Zweitens: Die mit Paneldaten mögliche Betrachtung der individuellen Ebene bestätigt dieses Ergebnis. So hatten 78 Prozent der im Jahr 2003 Vollzeitbeschäftigten auch fünf Jahre später einen solchen Arbeitsplatz, 11 Prozent wurden arbeitslos oder zogen sich vom Arbeitsmarkt zurück, und weitere 11 Prozent waren in flexiblen Formen beschäftigt. Nur 1 Prozent fand sich 2008 in geringfügiger Beschäftigung wieder. Die These, die Hartz-Reformen hätten zu einer Aufspaltung und damit zu einer Erosion von Vollzeitstellen zugunsten geringfügiger Arbeit geführt, bestätigt sich nicht.

Drittens: Die flexiblen Erwerbsformen sind ein Sprungbrett in den Arbeitsmarkt. Zwischen 2003 und 2008 haben 1,1 Millionen Arbeitslose einen solchen Job angetreten, umgekehrt waren 600 000 flexible Arbeitnehmer aus 2003 fünf Jahre später arbeitslos. Dieser Saldo war zuvor nur geringfügig positiv, in der zweiten Hälfte der 1990er Jahre sogar negativ. Die flexiblen Erwerbsformen bieten vor allem Chancen für Ungelernte. Da diese Jobs sich überwiegend im Dienstleistungssektor befinden, häufig von kleineren Betrieben angeboten werden und die Betriebszugehörigkeit meist kürzer ist, verbinden sich damit freilich geringere Löhne.

Viertens: Es kann deshalb nicht verwundern, dass Lohn und Einkommen für Erwerbstätige, die nicht unbefristet in Vollzeit beschäftigt sind, mitunter niedriger und die Armutsgefährdungsquoten höher sind. Die Lohnabschläge bei flexiblen Erwerbsformen erreichen 5 bis 17 Prozent. Die Spreizung der Löhne hat sich von 2003 bis 2008 akzentuiert. Dies kann ebenfalls mit den Arbeitsmarktreformen zusammenhängen, die zu mehr Beschäftigung in diesem Segment geführt haben. Der zusätzliche Angebotsdruck mag sich dämpfend auf die Löhne ausgewirkt haben.

Aus diesem Befund ergibt sich die zentrale Botschaft: Die Restrukturierungen der Unternehmen und die reformpolitischen Mühen mit der Agenda 2010 sowie der dreistufigen Steuerreform nach 2000 haben sich gelohnt. Deutschland erlebt derzeit, dass eine Politik der Angebotsorientierung Früchte trägt. Zugegeben, die Effekte kommen spät, aber sie kommen. Die Angebotspolitik lebt grundsätzlich mit einem zweifachen Makel: Sie entbehrt der Faszination unmittelbarer Wirkungen, wie sie für die Nachfragepolitik trotz veränderter finanzpolitischer und gesamtwirtschaftlicher Bedingungen immer noch unterstellt werden. Ebenso leidet die Angebotspolitik darunter, dass sie stets einen ganzen Instrumentenkasten – von Karl Schiller einst spöttisch als »Gemischtwarenladen« bezeichnet – benutzt und es ihr dadurch an Einfachheit und Transparenz mangelt.

Die wirtschaftspolitische Diskussion wird leicht durch die angebotspolitische Forderung nach Konsistenz der Teilschritte eines Reformprogramms überfordert. Denn diese setzt nicht nur ein ordnungspolitisches Leitbild voraus, sondern zudem den politischen Willen, es in eine reformpolitische Strategie umzusetzen. Die Agenda 2010 war – bei aller berechtigten Kritik im Detail – ein solcher gesamthafter Ansatz. Die Unterstützer dieser Politik mussten sich dennoch dem doppelten Vorwurf des Versagens stellen: der Kritik von Anhängern nachfrageorientierter Makropolitik wegen eines im Grundsatz verfehlten Konzepts sowie der Kritik von Anhängern angebotsorientierter Mikropolitik wegen unzureichender Schritte. Bis heute findet sich keine selbstbewusste Antwort auf diese Anwürfe. Stehvermögen ist keine Selbstverständlichkeit.

Die Geldpolitik hat durch die Stabilisierung der Inflationserwartungen auf niedrigem Niveau ihren Beitrag zu guten Angebotsbedingungen geleistet. In der Lohnpolitik wird seit 1997 ein moderater Kurs gefahren und der betriebliche Gestaltungsspielraum ausgeweitet. Beides hat den Beschäftigungsaufbau begünstigt. Mittlerweile kommen sogar Unternehmen aus dem Ausland wieder zurück, und einige europäische Nachbarn, darunter Frankreich, beneiden uns um die Robustheit der Beschäftigung und die Erfolge der Sozialpartnerschaft. Aus dem »kranken Mann Europas« ist ein strahlender Überwinder der Krise geworden.

Wir können uns also freuen: Der Arbeitsmarkt hat sich belebt. Die Anzahl der registrierten Arbeitslosen hat sich von ihrem Höchststand zu Beginn des Jahres 2005 um zwei Millionen vermindert. Die Aussichten auf einen fortgesetzten Rückgang sind gut. Das gilt ebenso für den weiteren Anstieg sozialversicherungspflichtiger Beschäftigungsverhältnisse. Es darf indes nicht übersehen werden: Das Niveau der Arbeitslosigkeit ist immer noch erdrückend hoch, und die strukturellen Verwerfungen am Arbeitsmarkt sind unverändert dominant.

An den Risikogruppen des Arbeitsmarktes – geringe Qualifikation, längere Arbeitslosigkeit – ist der Aufschwung 2006 bis 2008 lange Zeit eher vorbeigegangen. Erst in der Endphase gelang es zunehmend, neue Jobs in Bereichen geringer Qualifikation zu schaffen. Der Beschäftigungsaufbau im produktiven Kern hatte damit deutliche Ausstrahleffekte. Daran knüpft die deutsche Wirtschaft nach der Krise weitgehend nahtlos an. Und ungeachtet aller Schwierigkeiten beim Abbau des harten Kerns der Arbeitslosigkeit gibt es dort Positives zu berichten. Im Herbst 2010 meldete die Bundesagentur für Arbeit mit nur noch knapp über zwei Millionen arbeitslosen Hartz-IV-Empfängern den bisherigen Tiefststand, und es besteht sogar die Chance, dass die Zwei-Millionen-Marke dauerhaft unterschritten wird. Sicher, das sind immer noch zwei Millionen Menschen zu viel in Hartz IV, doch es bewegt sich auch hier etwas. Noch deutlicher wird dies an den Zugängen und den Abgängen in den Bezug von Arbeitslosengeld II. So erhielten im November 2010 gegenüber dem Vormonat rund 434 000 Personen neu ALG II (davon 42,5 Prozent aus Nichterwerbstätigkeit kommend), aber knapp 460 000 Personen nicht mehr (davon 36,6 Prozent in Nichterwerbstätigkeit gehend).

Trotz dieser Entwicklung muss die Strategie für den Niedriglohnsektor überdacht werden. Die Bundesregierung hat in Reaktion auf das Verfassungsgerichtsurteil vom Frühjahr 2010 überwiegend überzeugende Antworten gegeben: Erstens wurde die Berechnung der Regelsätze für das Arbeitslosengeld II auf eine neue Basis gestellt. Der Verzicht auf eine spürbare Erhöhung ist nicht nur fiskalisch verantwortungsvoll, sondern ebenso mit Blick auf die Betroffenen, denn der Lohnabstand muss gewahrt bleiben. Gerne wird vergessen, dass Empfänger von Arbeitslosengeld II neben dem Regelsatz weitere Erstattungen erhalten, hauptsächlich die Miete und die Heizkosten. Die Gesamtleistung liegt für Alleinstehende bei knapp 700 Euro und für Alleinerziehende mit einem Kind bei gut 1100 Euro. Verheiratete mit zwei Kindern kommen auf über 1600 Euro. Wollte man diese Zuweisungen allein durch das Einkommen aus eigener Arbeit erzielen, müsste die Alleinerziehende rund 1200 Euro brutto und ein verheirateter Familienvorstand rund 1600 Euro brutto verdienen. Dies entspricht bei einer Vollzeitbeschäftigung Stundenlöhnen von 7 bzw. knapp 10 Euro. Einen Tariflohn von ca. 10 Euro hat beispielsweise ein Briefzusteller, ein Arbeiter in der bayerischen Backwarenindustrie, ein Arbeiter in der nordrhein-westfälischen Textilindustrie, ein Angestellter in der niedersächsischen Druckindustrie oder ein Schlosser im Metallhandwerk Sachsens. Im Bewachungsgewerbe der neuen Bundesländer oder in der Floristik sind teilweise Tariflöhne unter 7 Euro zu finden.

Zweitens wurde die Aufforderung des Gerichts, die Kinderregelsätze eigenständig zu ermitteln, angemessen erfüllt, und mit einer Bildungscard für Kinder wurden Sachleistungen zielgenau verfügbar gemacht. Damit bewegen wir uns – kein Zweifel – auf einem ordnungspolitisch heiklen Terrain. Welche (meritorischen) Eingriffsrechte kann eine liberale Ordnung dem Staat in familiären Belangen zubilligen? Wie weit darf der kollektive Anspruch gehen? Welche Kriterien können uns dabei leiten? Jede Transferleistung erreicht die Kinder nur mittelbar, ihre Wirkung ist stets von Entscheidungen der Eltern abhängig. Hier gibt es vielfältige Indizien, die Anlass zur Besorgnis geben. Denn auf fatale Weise kumulieren sich die Risikofaktoren bei Kindern aus Familien mit geringem Einkommen: Bei Gesundheitsvorsorge, Medienkonsum, Bildungsverhalten fehlt es häufiger als in bessergestellten Familien an elterlicher Unterstützung und Förderung. Die Bildungscard kombiniert für die Bereiche Lernförderung, Schulbedarf, Mittagessen in Ganztagsschulen und Kitas sowie der Förderung der Teilnahme an Vereins-, Kultur- und Ferienangeboten Treffsicherheit mit Wahlfreiheit. Anders als bei reinen Sachleistungen ist der Nutzer der Chipkarte aber gefordert, aus dem Angebot auszuwählen. Das stärkt seine Nachfragemacht und -souveränität ebenso wie den Qualitätswettbewerb auf der Angebotsseite. Und wer nicht will, der muss den Gutschein nicht einlösen, dann aber entstehen dem Staat wenigstens keine Kosten wie bei Geld- und Sachleistungen.

Drittens und technisch am schwierigsten musste versucht werden, die Anreizfalle der bestehenden Regelung für die Anrechnung von Erwerbseinkommen auf das Arbeitslosengeld II zu beheben. Bisher wird das Einkommen aus einem Job in drei Stufen mit dem Arbeitslosengeld II verrechnet: Die ersten 100 Euro werden gar nicht angerechnet, Einkommen bis 800 Euro brutto sind zu 20 Prozent und Einkommen darüber nur zu 10 Prozent anrechnungsfrei. So bleiben von 8 Euro brutto an zusätzlichem Stundenlohn bei über 800 Euro Gesamtlohn nur 0,80 Euro netto übrig. Im Ergebnis lohnen sich von daher vor allem Nebenjobs: 57 Prozent der Aufstocker machen nur einen Minijob, 17 Prozent nutzen lediglich den Grundfreibetrag aus und verdienen 100 Euro im Monat. Die Reform der Regierung geht am Kern des Problems vorbei. Sie erhöht lediglich die Einkommensgrenze, bis zu der das Erwerbseinkommen zu 20 Prozent anrechnungsfrei ist, von 800 auf 1000 Euro. Anreize, eine Vollzeitbeschäftigung anzunehmen, sehen anders aus. Notwendig für eine effektive Korrektur ist es, die Anrechnungsregel dafür auf den Kopf zu stellen und bei kleinen Zuverdiensten bis etwa 200 Euro restriktiv und bei steigenden Zuverdiensten großzügiger zu sein.

Allemal sind diese Maßnahmen Gegenstand des politischen Streits. Der Aufschrei der Wohlfahrtsverbände ist einem sicher; egal was vorgeschlagen wird, es ist immer noch zu steigern und deshalb aus der Sicht der Gutmenschen ungenügend. Wir müssen aber fragen, welchen Beitrag diese Verbände für die Gestaltung des öffentlichen Raums eigentlich leisten, wenn sie ohne Rücksicht auf die Entstehung der Wertschöpfung deren Verteilung kompromisslos in den Vordergrund stellen. Ist das die Mitverantwortung, die wir erwarten sollten? Wohl kaum, weil sie die Selbstverantwortung des Einzelnen in Abhängigkeit von seiner Einkommenslage negiert und ihm damit die Möglichkeit nimmt, mitverantwortlich zu handeln. Das aber widerspricht der prinzipiellen Gleichheit der Menschen der freiheitlichen Ordnung, es verzichtet für Einzelne auf die Disziplinierung der Freiheit. Das kann auf Dauer nicht gut gehen.

Im Kontext der Grundsicherung für Arbeitsuchende wird regelmäßig vorgebracht, dass dazu ergänzend ein Mindestlohn vonnöten sei, um der Ausbeutung der Beschäftigten – und zugleich der Steuerzahler – durch Unternehmer vorzubeugen, die angesichts der Aufstockungsoption durch Hartz IV den Arbeitslohn absenken. Für Mindestlöhne wird ins Feld geführt, dass viele Länder solche haben und trotzdem eine expandierende Beschäftigung aufweisen. Dies gilt vor allem für Großbritannien und die Vereinigten Staaten; den bestehenden Mindestlohn beziehen hier allerdings auch nur weniger als 2 Prozent der Vollzeitbeschäftigten. Sein Niveau erreicht dort jeweils allenfalls 40 Prozent des gesamtwirtschaftlichen Durchschnittseinkommens. Anders sieht es in Frankreich aus, wo 14 Prozent aller Vollzeitbeschäftigten Mindestlohn erhalten; dies erklärt insbesondere die hohe Arbeitslosigkeit von Jugendlichen unter 25 Jahren.

Der für Deutschland diskutierte Mindestlohn soll – nimmt man den Vorschlag des DGB vom Mai 2010 – 8,50 Euro betragen, was bei einer 39-Stunden-Woche gut 50 Prozent des durchschnittlichen Einkommens entspricht. Damit würden – ausweislich der Daten des Sozio-oekonomischen Panels – über 8 Prozent der Vollzeitbeschäftigten erfasst, in den neuen Bundesländern sogar reichliche 22 Prozent. Die Verfechter des Mindestlohns sehen darin eine Möglichkeit, Unternehmensgewinne in Arbeitnehmereinkommen umzuverteilen, ohne die Beschäftigung zu gefährden. Dazu verweisen sie auf die Ergebnisse empirischer Studien.

David Neumark und William Wascher haben 2008 in einer umfassenden Veröffentlichung die Ergebnisse aller verfügbaren Studien zu den Beschäftigungswirkungen von Mindestlöhnen – insbesondere in den USA – gesichtet. Zwei Drittel der betrachteten Analysen sind mit der These negativer Einflüsse konsistent. Gerade jene Panel-Studien, die über einen längeren Zeitraum laufen, weisen statistisch signifikant Beschäftigungsverluste infolge von Mindestlöhnen aus. Ebenso ermitteln die Studien die überwältigende Evidenz, dass gerade Personen mit sehr geringen Qualifikationen durch einen Mindestlohn ihren Arbeitsplatz verlieren. Und schließlich gibt es einen starken Beleg für die Substitutionswirkung, die ein Mindestlohn zulasten der geringsten Qualifikationen und zugunsten der nächsthöheren auslöst. Die einkommenspolitischen Zielsetzungen, die mit Mindestlöhnen verfolgt werden, werden kaum und keinesfalls effizient erreicht. Gemessen an diesen Ergebnissen wäre es nachgerade fahrlässig, einen Mindestlohn in Deutschland einzuführen.

Zu warnen ist vor beiden Organisationsformen des Mindestlohns. Eine einheitliche gesetzliche Festlegung für alle Branchen birgt jenseits der – je nach Höhe – drohenden Beschäftigungsverluste die Gefahr, zum Kernthema künftiger Wahlkämpfe zu werden. Dabei kommen selten Sachargumente zum Tragen und ein Überbietungswettlauf der Volksparteien zum Mindestlohn wäre nahezu zwangsläufig.

Der alternative Ansatz, der in Deutschland in den Zeiten der schwarz-roten Koalition (2009) umgesetzt wurde, zielt auf die branchenspezifische Definition von Mindestlöhnen. Dafür werden auf Antrag der Branche die unteren Tariflöhne für allgemeinverbindlich erklärt, und zwar indem die Branche – wie beispielsweise das Gebäudereinigerhandwerk – dem Arbeitnehmer-Entsendegesetz unterworfen oder bei Tarifbindung der Branche von unter 50 Prozent das Gesetz über Mindestarbeitsbedingungen angewendet wird. Unabhängig von der Frage, ob für die in Aussicht genommenen Bereiche die Logik des Entsendegesetzes – nämlich Lohnkostenwettbewerb aus dem Ausland abzuwehren – überhaupt zutrifft, wird damit vor allem eines erreicht: Die negative Koalitionsfreiheit – die Freiheit, alternative Wege der Lohnfindung außerhalb des Flächentarifvertrags zu gehen – wird ausgehebelt. In Ostdeutschland sind drei Viertel der Unternehmen nicht tarifgebunden, sie würden zwangsbeglückt.

Ordnungspolitisch ist die Festlegung branchenspezifischer Mindestlöhne deshalb weitaus bedenklicher als ein allgemeiner gesetzlicher Mindestlohn. Notwendig und sinnvoll ist beides nicht, zumal die beschäftigungsorientierte Tariflohnpolitik der vergangenen Dekade insbesondere damit zu tun hat, dass Alternativen offenstanden und genutzt wurden. Die Chance, in der Lohnpolitik weiterhin der Vernunft zu folgen, wird so ernsthaft gefährdet. Dabei ist die Entwicklung auf dem Arbeitsmarkt erstmals seit Jahrzehnten erfreulich zu sehen.

## Mangel an Arbeitskräften statt Mangel an Arbeit

Deutschlands Konjunktur ist gut in das Jahr 2011 gestartet. Pralle Auftragsbücher und eine insgesamt zuversichtliche Stimmung sind ein wichtiges Indiz dafür, dass es mit dem Aufschwung weitergeht. Es bestehen erstmals seit geraumer Zeit reale Chancen für eine lang anhaltende Erholung. Damit dreht sich die Problemlage am Arbeitsmarkt. Für Jahrzehnte beherrschte eine hohe unfreiwillige Arbeitslosigkeit das Bild, der Mangel an Arbeit bestimmte die öffentliche Diskussion bis hin zu der beliebten These, dass uns die Arbeit ausgehe. Das Bild hat sich nach 2006 und wieder ab 2010 grundlegend verändert. Zur strukturellen Arbeitslosigkeit gesellte sich ein struktureller Fachkräftemangel hinzu. Letzterer hat nach der Krise die Führung übernommen. Hier drückt nicht nur der Schuh, hier zeigt sich vor allem ein Thema mit Zukunft.

Solange der demografische Wandel sich für den Einzelnen nur über eine steigende Lebenserwartung manifestierte und gesellschaftlich primär die Frage nach der Stabilität der umlagefinanzierten Rentenversicherung stellte, schien er weit entfernt vom Arbeitsmarkt zu sein. Nun aber kann jeder die Konsequenzen aus

Alterung und Schrumpfung der Bevölkerung sehen: Während im Aufschwung 1998 bis 2000 bei 1,6 Millionen neuen Arbeitsplätzen die Arbeitslosigkeit nur um 500 000 Personen reduziert werden konnte, verminderte sich 2010 bei jahresdurchschnittlich knapp 200 000 zusätzlichen Beschäftigten die Anzahl der Erwerbslosen – ebenfalls im Jahresdurchschnitt – um fast 300 000 Menschen. Von dieser demografisch bedingt fundamental veränderten Lage am Arbeitsmarkt zeugt der Fachkräftemangel ebenso wie die Schwierigkeit der Unternehmen, Ausbildungsplätze zu besetzen. Dabei wirkt der Rückgang bei der Anzahl der Schulabgänger (2010) im Westen um 3 Prozent und im Osten um 13 Prozent mit der immer noch vielfach mangelnden Ausbildungsreife zusammen. Dass die Unternehmen reagieren, zeigen vielfältige Bemühungen um Auszubildende, die höhere Erwerbsbeteiligung Älterer und der starke Rückgang der Ingenieurarbeitslosigkeit.

So werden wieder Leute gesucht. Und die Dynamik ist eindrucksvoll, wir haben die besten Aussichten für mehr reguläre Arbeitsplätze seit vielen Jahren. Aber die positive Entwicklung gibt es nur bei den Ausgebildeten. Dabei stagniert nun die Entwicklung geringfügiger Beschäftigung, die in den Vorjahren getragen hat. Allerdings wird der Boom bei der Zeitarbeit vielfach als Beleg für die mangelnde Qualität der neuen Arbeitsplätze gesehen. Dagegen spricht, dass es sich hier ganz überwiegend um vollwertige Jobs in einem durchaus regulierten Bereich des Arbeitsmarktes handelt. Dagegen sprechen auch nicht die Verfehlungen, die einzelne Unternehmen mit fragwürdigen Drehtürmodellen unter Ausbeutung der Beschäftigten machen. Das darf nicht akzeptiert werden, es wird nicht akzeptiert, und das ist eine wirksame Sanktion.

Eklatant ist der Fachkräftemangel in den MINT-Qualifikationen (Mathematik, Informatik, Naturwissenschaften und Technik). Bereits im Juni 2010 – also am Anfang des Aufschwungs – fehlten hier 65 000 Personen. Die Lücke ist damit bereits wieder halb so groß wie im Juli 2008, im Hochpunkt des Booms. Die dadurch vom dritten Quartal 2007 bis zum zweiten Quartal 2008 verursachten direkten Wertschöpfungsverluste betrugen 28,5 Mrd. Euro, rund 1,2 Prozent des Bruttoinlandsprodukts von 2007. Jede qualifizierte Stelle, die nicht besetzt werden kann, verursacht zugleich Arbeitsplatzverluste im vor- und nachgelagerten Bereich dieser Wertschöpfung. Anders gewendet: Jeder Arbeitsplatz, der hier durch Zuwanderung besetzt werden kann, hat positive Folgewirkungen für den Arbeitsmarkt. Der Engpass betrifft nicht nur die traditionellen Einsatzbereiche wie die Elektroindustrie und den Maschinenbau, sondern ebenso unternehmensnahe Dienstleister.

Eine zielgenaue Therapie muss die Ursachen ernst nehmen, die teilweise tief verankert sind in Einstellungen und Vorlieben. Das beginnt mit dem anhaltend geringen Interesse an naturwissenschaftlichen Fächern in den Gymnasien, was den Trend der letzten Jahre zu den Rechts-, Sozial- und Kulturwissenschaften bei der Studienwahl erklärt. Außerdem beobachten wir in Deutschland eine recht geringe Neigung von Frauen, sich den technisch-naturwissenschaftlichen Fächern zuzuwenden.

Dabei gibt es eine Vielzahl von Projekten, die jungen Menschen die MINT-Fächer nahebringen sollen. Die Mobilisierung der Fachlehrer wäre ein wichtiger weiterer Schritt. Gerade Kooperationen von Unternehmen mit Bildungseinrichtungen sind ein wichtiger Hebel an dieser Stelle, aber hier benötigt man einen langen Atem. Auf politischer Ebene muss Vorsorge dafür getroffen werden, dass über eine breitere Basis an Hochschulabsolventen die Anzahl von Ingenieurstudenten zunehmen kann. Alles, was wir derzeit bildungspolitisch diskutieren, wird dabei relevant, von den Reformen im schulischen Bereich bis zu den Veränderungen an den Hochschulen. Vieles läuft zu zögerlich, vor allem zu wenig bundesweit koordiniert. Doch dazu im folgenden Kapitel mehr.

Notwendig ist ohne Zweifel eine Weiterentwicklung des Zuwanderungsrechts. Die 2009 beschlossene Absenkung der Verdienstschwelle auf 66 000 Euro Jahreseinkommen war ein wichtiger – wenngleich bezogen auf die Einstiegsgehälter von Hochschulabsolventen nicht ausreichender – Schritt, ebenso die Lockerung der ermessensanfälligen Vorprüfung bei geringeren Verdiensten, ob tatsächlich ein inländischer Bewerber nicht verfügbar ist. Es gibt kein anderes Instrument als die Lockerung der Zuwanderungsregeln, das vergleichbar ist und auf kurze Sicht spürbar Abhilfe verspricht. Tatsächlich gibt es in der politischen Klasse unseres Landes eine weit verbreitete Distanz zu einer effektiv nach ökonomischen Kriterien gesteuerten Zuwanderung. Das reicht von gut gemeinten, aber irrigen Schutzvorstellungen für den deutschen Arbeitsmarkt bis zur Fremdarbeiterpolemik. Gerne wird dies mit dem Vorwurf an die Unternehmer garniert, sie hätten die Zeichen der Zeit übersehen. Anstatt früh in Aus- und Weiterbildung zu investieren, würde man nun den Staat zum Handeln auffordern. Komisch nur, dass unsere Unternehmen international so herausragend erfolgreich sind, wo sie doch immer alle technischen und sozialen Trends verschlafen.

Zunächst zum Befund. Der ist für die langjährige Zuwanderungspraxis ebenso eindeutig wie desaströs: In keinem anderen Industrieland ist der Anteil der Hochqualifizierten an allen Einwanderern bezogen auf den Anteil Hochqualifizierter Inländer so gering wie bei uns. Und der Anteil von Schülern mit Migrationshintergrund, die beim Lesen nur die niedrigste Kompetenzstufe erreichen, ist mit gut 44 Prozent in keinem Industrieland so groß wie bei uns. Das jahrzehntelange Leugnen der politischen Konservativen, dass wir ein Zuwanderungsland sind, hat sich mit der Ignoranz der politischen Linken vermischt, dass man den Zuwanderern keine Integrationsleistungen abverlangen dürfe.

Der Innenminister kann zwar darauf verweisen, dass nach Paragraf 19 des Aufenthaltsgesetzes Hochqualifizierte eine unbefristete Niederlassungserlaubnis erhalten können. Voraussetzung ist indes die Zustimmung der Bundesagentur für Arbeit sowie in der Regel der Ausländerbehörde des Landes. Nach wie vor fehlt eine

Regelung, die aus ökonomischen Motiven qualifizierte Arbeitskräfte systematisch anwirbt. Das Aufenthaltsrecht ist so konstruiert, dass es eine gegebenenfalls vorhandene Rechtmäßigkeit der Zuwanderung im Einzelfall prüft. Es gibt kein Kontingent, das den Rahmen für eine ökonomisch motivierte Zuwanderungssteuerung setzen könnte. Erschwerend kommt hinzu, dass das Gesetz von dem Ziel geprägt ist, unerwünschte Zuwanderung zu verhindern, ohne erwünschte Zuwanderung adäquat zu fördern. Verantwortliche Politik beginnt nicht mit unbegründeten Vorwürfen, sondern mit einer ehrlichen Analyse. Davon ist die Politik hierzulande weit entfernt. Warum lassen wir uns nicht von den Erfahrungen anderer – wie Kanadas mit einem Punktesystem – anregen?

Und wem das zu weitgehend ist, der kann sich an der »Rot-Weiß-Rot-Card« orientieren, die in Österreich im Jahr 2010 von den Sozialpartnern auf Wunsch der Regierung entwickelt wurde und ab Juli 2011 das bisherige System der Zuwanderungsquoten für Bürger aus Nicht-EU-Staaten ersetzen soll. Die zahlenmäßige Beschränkung der Migranten entfällt, dafür sollen nur noch jene kommen dürfen, deren Qualifikation auf dem Arbeitsmarkt gefragt ist. Dabei entscheidet künftig ein Punktesystem: Für Studium, Berufsausbildung, Sprachkenntnisse, Berufserfahrung und (niedriges) Alter werden Punkte vergeben; ab einer festgelegten Mindestpunktzahl sowie einem fixen Jobangebot gibt es die »Rot-Weiß-Rot-Card«.

Das System unterscheidet drei Gruppen. Da sind zunächst die »besonders Hochqualifizierten«, also beispielsweise Manager, Forscher, Mediziner oder Techniker. Für diese Gruppe gibt es keine Beschränkung auf Branchen. Die zweite Gruppe umfasst Migranten, die Qualifikationen in Mangelberufen aufweisen, in denen auf eine offene Stelle maximal 1,5 Arbeitsuchende kommen. Welche Berufe das sind, legt der Sozialminister aufgrund der Daten des Arbeitsmarktservice per Verordnung fest. Zur dritten Gruppe (»Schlüsselkräfte«) gehören Fachkräfte, die zwar keinem Mangelberuf angehören, die aber einen Job haben, für den auf dem österreichischen Arbeitsmarkt niemand gefunden wurde. Angehörige dieser Gruppe müssen ein Mindesteinkommen nachweisen, das beispielsweise für unter 30-Jährige bei 50 Prozent des Höchstbeitrags in die Sozialversicherung (derzeit monatlich 2055 Euro) liegt. Wer in Österreich studiert hat, für den reicht künftig ein Job, mit dem man 45 Prozent des Höchstbeitrags (derzeit 1850 Euro) verdient. Klingt alles ebenso vernünftig wie unaufgeregt. Warum sollte das nicht auch bei uns gelingen?!

## Ungleichheit, Umverteilung und Respekt

Der Philosoph Odo Marquard (2000) hat darauf hingewiesen, dass zur Moderne die Erhaltung des Negativitätsbedarfs gehört. Wo Fortschritt erfolgreich sei, wecke das selten Begeisterung. Die Aufmerksamkeit konzentriere sich dann auf jene Übel, die übrig bleiben. Dabei wirke das Gesetz der zunehmenden Penetranz der Reste: Je mehr Negatives verschwinde, desto ärgerlicher werde das Negative, das noch bestehe. Denn vielleicht bleibe der Leidensbedarf der Menschen in etwa konstant, so dass sie schließlich als Ersatz unter dem leiden, was ihnen die Leiden erspart: am Fortschritt, vor allem am ökonomischen.

So muss uns viel Griesgrämiges in der Kommentierung der wirtschaftlichen Lage nicht überraschen. Mit leichter Hand wird die Besserung geleugnet und das Elend gepriesen. Man kann es vielen Bloggern vielleicht noch nachsehen, sie wissen es einfach nicht besser. Inakzeptabel ist aber das populistische Spiel einiger Politiker, denn hier wird wider besseres Wissen geredet und geschrieben. Das können wir nicht durchgehen lassen. Der Aufschwung ist hart erarbeitet. Die Zeit für Übelstandsnostalgie ist vorbei.

Gerne werden Meldungen verkürzt wahrgenommen und einseitig ins Negative gewendet. Dies galt für die Meldung aus dem Jahr 2009, dass die Kaufkraft der Nettolöhne je Arbeitnehmer in Deutschland heute nicht höher sei als vor 20 Jahren. Die Berechnungen stimmen, doch stimmt die Bewertung? Wir haben uns in diesen 20 Jahren viel zusätzlich geleistet: geringere Arbeitszeiten, mehr Teilzeit, eine umlagefinanzierte Pflegeversicherung, gewaltige Ausgabensteigerungen im Gesundheitswesen und die Finanzierung der Wiedervereinigung über die Sozialhaushalte, vor allem die Bundesanstalt für Arbeit. Allein seit 1991 ist die durchschnittliche Arbeitszeit um mehr als 8 Prozent gesunken, so dass auf die Stunde bezogen insgesamt ein realer Lohnanstieg um mehr als 4 Prozent resultierte. Auf die 20 Jahre bezogen ist es geradezu beachtlich, dass die Nettolöhne dabei real konstant geblieben sind. Alles hat nun mal seinen Preis. Das gilt für höhere Sozialausgaben und mehr Freizeit.

Gegenwärtig erleben wir sehr eindrucksvoll, wie das nach links verschobene politische Spektrum Verhaltensmuster hervorbringt, die wir in dieser Form zuletzt zu Beginn der 1970er Jahre erlebten. Damals spielte Geld keine Rolle, wenn man nur ein überzeugendes Reformprojekt formulieren konnte, das Umverteilung von oben nach unten versprach. Mehr Sozialleistungen wurden zum Synonym für mehr Gerechtigkeit. Der Ausbau der Staatstätigkeit war das erklärte Ziel. Selbst seriöse Ökonomen dachten seinerzeit angestrengt darüber nach, wie die Staatsquote dauerhaft erhöht werden könne.

Was vor über 30 Jahren Ausdruck einer breit verankerten Hoffnung über die Möglichkeiten des Staates war, das wiederholt sich in unserer Zeit so, als hätte es Erfahrungen – die Überforderung des Sozialstaates, die Zerrüttung der Staatsfinanzen, die Bildungsmisere – nicht gegeben. Angelockt durch die üppige Einnahmenentwicklung der öffentlichen Haushalte haben die Umverteilungspolitiker wieder Oberwasser. Nach eigener Diktion wird bei guter Kassenlage möglich, was offenkundig unwichtig ist. Denn bei knappen Kassen und wirklicher Prioritätensetzung würde man es nicht fordern.

Soziale Gerechtigkeit und Verteilungsfragen bestimmen viele Debatten im demokratischen Gruppenstaat. Die Sorge um Beschäftigung und Einkommen wird alsbald um solche Themen ergänzt. Die Schwierigkeiten der politischen Klasse, sich zu den Arbeitsmarktreformen selbst im Angesicht ihrer positiven Beschäftigungswirkungen zu bekennen, hat viel damit zu tun, dass diese Reformen von vornherein mit dem Etikett sozialer Ungerechtigkeit oder sozialer Schieflage versehen worden waren. Im politischen Wettbewerb kann man dem wohl wenig entgegensetzen.

Dabei waren die Hartz-Reformen alles andere als ungerecht: Erstmals werden seitdem die beschäftigungsfähigen Sozialhilfeempfänger in die Arbeitsmarktförderung einbezogen. Die effektive Betreuung der Beschäftigungsuchenden ist ebenso ein allgemein akzeptiertes Ziel. Gerne ignoriert werden besonders die vermögensbezogenen Regelungen der neuen sozialen Grundsicherung. Daher bleibt der Befund beachtlich, dass gerade nicht nur die Betroffenen den Reformen wenig abgewinnen können, sondern fast noch mehr die Mittelschicht, deren Abstiegsängste sich vergrößerten. Der Aufwuchs flexibler Erwerbsformen scheint dies zu unterstützen, nicht anders die Verteilungswirkungen der Globalisierung. Schließlich darf man nicht vergessen, dass die Veränderungen im Rahmenwerk der Arbeitswelt gewohnte, lieb gewonnene, jedenfalls unbefragte Strategien und Regelungen – wie die Arbeitszeitverkürzung – betrafen und damit entwerteten. Für viele ist das wie eine Vertreibung aus dem Paradies.

Licht und Schatten liegen oft nahe beieinander. So entstehen derzeit eindrucksvoll neue Arbeitsplätze, gleichzeitig findet offenbar die unterste Schicht der Gesellschaft kaum in reguläre Beschäftigung zurück. Die sprachlichen Versuche zur Erfassung dieses Befundes haben Konjunktur: Der Begriff »Prekariat« hatte es bereits im Oktober 2006 sogar zum Wort des Monats gebracht, nachdem eine Studie der Friedrich-Ebert-Stiftung 8 Prozent der Deutschen als zu dieser Gruppe zugehörig identifizierte.

Dass sich ein Teil der Gesellschaft in einer Lebenssituation eingerichtet hat, die er selbst als perspektivlos bewertet, und keinen Anreiz verspürt, nach neuen Chancen zu suchen, treibt die Besorgnis der Politik. Einige besonders flinke Geister haben schon die Erklärung parat: Es sei die Globalisierung im Verbund mit einer neoliberalen Wirtschaftspolitik gewesen, die ganze Bevölkerungsgruppen in die Perspektivlosigkeit gedrängt habe.

Dagegen steht, dass vergleichbar entwickelte Volkswirtschaften die Globalisierung durchaus anders erleben. In keinem sonstigen europäischen Land ist beispielsweise die extreme Langzeitarbeitslosigkeit (länger als 24 Monate arbeitslos) seit dem Jahr 1992 so stark gestiegen wie in Deutschland. Nahm die entsprechende Quote bei uns von 0,5 auf 3,5 Prozent im Jahr 2004 zu, so blieb sie im Durchschnitt der EU nahezu konstant. Zudem hat kein Land der Union eine so hohe Unterbeschäftigung von Geringqualifizierten wie Deutschland; bei uns hat rund ein Viertel dieser Menschen keinen Arbeitsplatz.

Das Problem der Unterschicht hat demnach eine längere Geschichte und einen strukturellen Hintergrund. Der Hinweis auf die Arbeitsmarktreformen der letzten Jahre taugt nicht zur Erklärung. Einerseits wurde das Volumen der Transferleistungen dadurch faktisch erhöht. Andererseits werden nun die erwerbsfähigen ehemaligen Sozialhilfeempfänger in das Fordern und Fördern der Arbeitsmarktpolitik einbezogen. So ist Vorsicht geboten – vor dramatisierenden Befunden ebenso wie vor einfachen Erklärungen.

Beschäftigungsfähigkeit und Beschäftigungschancen sind die entscheidenden Hebel, um die Perspektivlosigkeit im Prekariat zu korrigieren. Der Armutsbericht der Regierung belegt, dass die Aufnahme von Erwerbstätigkeit als Schlüssel zum Aufstieg fungiert; immerhin ein Viertel der Einkommensarmen vermag diesen Schritt zu vollziehen. Die Marktwirtschaft erfordert Partizipationsgerechtigkeit, um dauerhaft funktionsfähig zu sein. Partizipationsgerechtigkeit ermöglicht Freiheitsfähigkeit, das heißt die Fähigkeit zur eigenen Position und zur eigenen Entscheidung genauso wie zur Selbstverantwortung.

Wenn beklagt wird, dass jene Menschen, die von der gesellschaftlichen Entwicklung abgehängt sind oder sich abgehängt fühlen, keinen Anreiz und keine Chance zu initiativem Handeln verspüren, dann beklagen wir deren Unfähigkeit zur Verantwortung. Was kann man tun? Hat die Politik überhaupt einen Ansatzpunkt? Denn die Ursachen der Verantwortungsunfähigkeit liegen regelmäßig weit in der Biografie der Betroffenen zurück, nämlich im mangelnden Bildungserfolg, genauer: in Bildungsarmut.

Das Unterschichtenphänomen ist zu einem erheblichen Teil durch das bildungspolitische Versagen vergangener Jahrzehnte zu erklären. Dies betrifft alle Funktionen des Bildungssystems, neben der Vermittlung von Basiskompetenzen sowie marktfähigem Wissen die Sozialisation, die auf Mündigkeit und Souveränität des Einzelnen zielt. Unsere bildungspolitischen Reformbemühungen dürfen dies nicht aus dem Auge verlieren; frühkindliche Erziehung, vorgezogene Schulpflicht, Ganztagsschule und individuelle Förderung haben dafür eine hohe Bedeutung.

Doch auf diesem Wege kann das Problem nur mittelfristig bekämpft werden. Um die trotz aller Aufhellung bestehende Perspektivlosigkeit sowie Verantwortungsunfähigkeit wirksam anzugehen, sind Tabubrüche unvermeidlich: Haben wir den Mut, über stärkere finanzielle Sanktionen und gezielte Beschäftigungsangebote die Arbeitswilligkeit wirklich zu prüfen und eine Brücke in die Arbeitsfähigkeit zu bauen? Haben wir den Mut, bei Familien mit Migrationshintergrund Transferzahlungen an Integrationsbereitschaft zu binden? Haben wir den Mut, eine höhere gesellschaftliche Würdigung von Einfacharbeit zu fordern und den Wert alter Tugenden wie Zuverlässigkeit zu betonen? Wenn nicht, dann kommt die Politik hier an ihr Ende. Mit Geld ist das Problem der Unterschicht ebenso wenig zu lösen wie mit falschen Versprechungen. In einem Land kultureller Beliebigkeit werden sich Zuwanderer nicht wohlfühlen, erst recht nicht, wenn sie von der Staatsspitze nur durch die Brille des Islam gesehen werden.

Bei vielen Diskussionen kommt zu diesem Zeitpunkt die soziale Gerechtigkeit ins Spiel. Dass der Begriff der sozialen Gerechtigkeit dabei häufig unerklärt bleibt, kann man in der politischen Debatte als geschenkt unterstellen. Schließlich – so einfach kann man sich die Welt zimmern – herrscht das Vorurteil, seit 25 Jahren werde Sozialabbau betrieben, mit seiner Krönung in den Hartz-Gesetzen. Die Volksparteien, um ihre strukturellen Voraussetzungen bangend, räsonieren über neue Gerechtigkeitslücken, die nach zusätzlichen staatlichen Ausgaben rufen.

Gerechtigkeitslücke: Lässt die Gerechtigkeit eine Lücke, oder hat man ihr eine gelassen? Letzteres wäre kaum bedenklich. Nun wird man öffentlich keine philosophischen Erörterungen über Gerechtigkeit führen können, aber eine Begriffsklärung sollte schon versucht werden. Bei der Frage nach der Gerechtigkeit im gesellschaftlichen Miteinander wird man schnell auf den Zugang zu Ressourcen und auf die Verteilung derselben auf die Gesellschaftsmitglieder verwiesen. Diese kann man nach Leistung bemessen oder nach Bedarf, man kann auf die Anfangsausstattung mit Chancen abstellen oder auf die Verfügbarkeit von Einkommen.

Leicht sortieren sich die Gerechtigkeitskonzepte auf zwei gegensätzliche Perspektiven: Soll es um die Befähigung des Einzelnen zur dauerhaften Teilhabe in der freiheitlichen Ordnung gehen, dann sind Chancengerechtigkeit und Leistungsgerechtigkeit angemessen. Ist hingegen die bloße Verfügbarkeit finanzieller Mittel angesprochen, dann sind Verteilungsgerechtigkeit und Bedarfsgerechtigkeit passend. Keine Gesellschaft kann sich nur auf eine der beiden Sichtweisen einlassen. Entscheidend aber ist, wo der Anker geworfen und dadurch der Gerechtigkeitsbegriff justiert wird.

Die Volksparteien haben sich begrifflich der Chancen- respektive Leistungsgerechtigkeit angenähert. Dies ist in der Marktwirtschaft konsequent, weil die Frage nach der fairen Teilhabe am ökonomischen Leben originärer Bestandteil dieser Wirtschaftsordnung ist. Die marktwirtschaftliche Ordnung kann dauerhaft nicht funktionieren, wenn viele, die mitmachen wollen und prinzipiell mitmachen können, ausgeschlossen sind. Daraus ergeben sich mit Blick auf die Beteiligungsgerechtigkeit für den Marktökonomen zwei Handlungsfelder: die Bildungspolitik und die Wettbewerbspolitik.

Während Bildungspolitik immer und sofort – oft freilich folgenlos – Zuspruch erfährt, wird Wettbewerbspolitik selten als Beitrag zur sozialen Gerechtigkeit verstanden. Aber was ist Wettbewerbspolitik anderes als der ständig wachsame Angriff auf jede Form ökonomischer Machtballung und auf jede Verhinderung sowie Behinderung von Konkurrenz? Die Offenheit der Märkte sichert Chancen für jene, die neu oder wiederholt ihren Leistungswillen zum Ausdruck bringen wollen und können. Wer das durch Wettbewerbspolitik nicht erreicht, der wird über Sozialpolitik keine Lösung finden.

Ebenso wenig lösen großzügige Transferzahlungen die Probleme, die das Bildungssystem hinterlässt. Und dennoch wird – fast mit neuem Elan – im Sozialbudget die Kennziffer der sozialen Gerechtigkeit gesehen. Hier ist vermeintlich leicht Gutes zu tun, weil jede Mehrausgabe sofort die Absicht belegt. Wer aber Bildungsreformen betreibt, der muss mit längeren Wirkungszeiten rechnen, der wird den Erfolg der eigenen Anstrengungen politisch kaum noch erleben. Aufgabe der Politik ist es auch nach den Debatten um Migration und Bildung im Herbst 2010, diese Verdrehung der Zusammenhänge aufzulösen – durch mutige und fördernde Bildungspolitik, durch mutige und zumutende Sozialpolitik. Sonst wird sich die Erosion der politischen Mitte fortsetzen. Nur auf den Fortgang des Wirtschaftswachstums zu hoffen ist keine überzeugende Antwort der Politik. Die neue Balance aus Selbstverantwor-

tung und Mitverantwortung einerseits sowie von Markt und Staat andererseits muss sich an der Umsetzungskonsequenz in der Sozialpolitik erweisen.

Verteilungspolitik zielt auf Emotionen, da muss es nicht wundern, dass Verteilungsanalysen Emotionen wecken. Eine Politik des stets und unbezweifelt Gutgemeinten lässt keinen Raum für die sachliche Betrachtung der Fakten. Statt der Frage analytisch und empirisch nachzugehen, wie der Umverteilungsapparat unseres Sozialstaates wirkt, steht das gefällige Vorurteil scheinbar unverrückbar im Raum: Wir täten zu wenig, unsere heiligen Ziele würden durch unsere irdischen Anstrengungen nicht erreicht, es sei gar eine Schande für unser Land!

Weitsichtig sah Ludwig Erhard dies voraus: »Nichts ist in der Regel unsozialer als der sogenannte ›Wohlfahrtsstaat‹. … Solche Wohltat muss das Volk immer teuer bezahlen, weil kein Staat seinen Bürgern mehr geben kann, als er ihnen vorher abgenommen hat – und dann noch abzüglich der Kosten einer zwangsläufig immer mehr zum Selbstzweck ausartenden Sozialbürokratie« (1957). Wer umfangreiche Leistungen der sozialen Sicherung anbietet, der schafft einen Verwaltungsbedarf, der mit der Zeit das gute Gewissen zu sein beansprucht, gar dazu mutiert.

Das Institut der deutschen Wirtschaft Köln hat sich trotz der zu erwartenden Reaktionen in einem mehrjährigen Projekt der Mühe unterzogen, Licht ins Dickicht der Umverteilungswirkungen unserer Steuer- und Sozialpolitik zu bringen. Wir haben dazu die Einkommens- und Verbrauchsstichprobe des Statistischen Bundesamtes umfänglich nutzen können, die alle fünf Jahre erhoben wird und einen umfassenden Datenbestand zur Einkommensverteilung anbietet. Angesichts des komplexen Geflechts verschiedener Instrumente lassen sich Umverteilungsströme sinnvoll nur auf der Haushaltsebene und nicht für Individuen nachvollziehen.

Die Komplexität des Systems und die Tatsache, dass es historisch gewachsen ist, legten die Erwartung nahe, dass die Zielgenauigkeit des gesamten Systems nicht sehr hoch sein kann. Doch: Mit Erstaunen mussten wir feststellen, dass dem so nicht ist. Im Gegenteil: Beide Ziele, die seitens der Politik seit langem vorgegeben sind – eine Angleichung der vom Markt her gegebenen Einkommensverteilung sowie die Bekämpfung von Armut –, werden erreicht. Die Effektivität des Systems ist tatsächlich eindrucksvoll, sie hat sich im Zeitablauf kaum verändert.

In der Analyse wurde für die Haushalte – geschichtet in zehn Gruppen nach am Markt erzielten Einkommen – ein Saldo aus Einkommensteuern und Sozialbeiträgen einerseits sowie aus monetären Sozialleistungen andererseits ermittelt. Die vier Zehntel der Haushalte mit den niedrigsten Markteinkommen erhalten alle positive Salden, das heißt einen Überschuss. Ab dem fünften Zehntel der Haushalte steigt der Nettofinanzierungsbeitrag kontinuierlich von 21 Prozent des Markteinkommens auf 41 Prozent an. Das Prinzip »Wer mehr verdient, zahlt mehr« wird dabei konsequent durchgehalten.

Die vielfach vermutete Umverteilung von der linken in die rechte Tasche lässt sich nicht bestätigen. Dies erforderte für die mittleren Einkommensschichten gleichermaßen hohe Transferzuflüsse wie Abgabenlasten. Stattdessen schmelzen die Transferbeträge mit steigendem Markteinkommen ebenso kontinuierlich ab, wie die Abgabenlasten zunehmen. Vergleicht man die Daten der letzten drei Erhebungszeitpunkte – 1993, 1998 und 2003 – miteinander, so hat die Spreizung der Markteinkommen um 36 Prozent zugenommen, wie es angesichts sich intensivierender internationaler Arbeitsteilung und des technischen Fortschritts zu erwarten ist.

Gleichzeitig aber – und das erstaunt wiederum – gelingt es, durch Steuern, Sozialabgaben sowie Transfers die Spanne der Nettoeinkommen nahezu unverändert effektiv zu mindern. Der Abstand zwischen den höchsten und den niedrigsten Nettoeinkommen hat sogar leicht abgenommen. Vor allem das Einkommensteuersystem erklärt dies. Schließlich zeigt sich im Einklang mit dem letzten Armuts- und Reichtumsbericht der Bundesregierung, dass die Armutsquote – der Anteil der Personen mit weniger als 60 Prozent des mittleren bedarfsgewichteten Einkommens – durch das Steuer- und Transfersystem effektiv gesenkt werden kann, und zwar von knapp 35 Prozent auf gut 13 Prozent.

Diese und andere Ergebnisse haben einen Aufschrei der Entrüstung bei jenen ausgelöst, die mit der Fürsorge Geld verdienen oder daraus ihre Existenzberechtigung begründen. So war es auch, als das Bundesverfassungsgericht im Februar 2010 über die Ermittlung der Regelsätze beim Arbeitslosengeld II (ALG II) urteilte. Deutlich wird erneut das tiefsitzende Unwohlsein mit einer Situation, die geprägt ist von einer seit Jahrzehnten dominierend an Geldleistungen orientierten Sozialstaatsphilosophie, die ihre großen Versprechen auf Integration und Teilhabe nicht hat erfüllen können, und durch die schleichende Wahrnehmung, dass die Grundsatzfrage nach Ziel und Maß des Sozialstaats nicht mehr gestellt wird. Der Soziologe Richard Sennett hat sich diesen Fragen lehrreich in seinem Buch *Respekt im Zeitalter der Ungleichheit* gewidmet.

Von eigener Erfahrung getragen, stellt er die Kategorie Respekt in den Mittelpunkt der Überlegungen. Respekt bedeute, dass man als Mensch angesehen werde, dessen Anwesenheit etwas zählt. Er schließt die Frage an, wie man die durch Ungleichheit gesetzten sozialen Grenzen durch wechselseitigen Respekt überschreiten kann, um den gesellschaftlichen Zusammenhalt zu sichern. Die modernen Antworten der Sozialpolitik liefen Gefahr, das Gegenteil auszulösen und – sei es durch umfangreiche Versicherungspflichten, detailgeregelte Sozialleistungen oder intervenierende Sozialarbeit – Abhängigkeiten neuer Art zu schaffen.

Die Befähigung, in der modernen Gesellschaft den Respekt der anderen und damit soziale Wertschätzung zu gewinnen, werde über drei Wege maßgeblich beeinflusst: erstens über die Entwicklung der eigenen Fähigkeiten, die Nutzung der Talente und die

Aneignung von Kompetenzen; zweitens durch die autonome Sorge um sich selbst, so dass man den anderen nicht zur Last fällt; drittens durch das Bestreben, etwas an die Gemeinschaft zurückzugeben. Erst dadurch werde das Miteinander verhaltensprägend und der soziale Austausch geübt. Selbstverantwortung und Mitverantwortung greifen dabei ineinander.

Die Anonymität moderner Großgesellschaften macht es nicht leicht, als Empfänger von Sozialleistungen Respekt zu erlangen und Reputation aufzubauen. Dabei besteht ein empirisch valide ermittelter negativer Zusammenhang zwischen sozialer Distanz und ökonomischer Ungleichheit einerseits sowie Vertrauen und Effizienz andererseits (Greiner, Ockenfels 2009). Ist Ungleichheit präsent und vor allem endogen in der Wirtschafts- und Gesellschaftsordnung begründet, dann ist dieser negative Zusammenhang umso stärker. Gefordert sind deshalb nachhaltige Lösungen und nicht schnell als trügerisch zu entlarvende Antworten mit mehr Geld. Gerade die positiven Erfahrungen des letzten Aufschwungs und der Krisenbewältigung sollten positiv wirken, auch wenn es noch ein längerer Weg ist.

Der von Sennett identifizierte Dreiklang adressiert die fundamentale sozialpolitische Bedeutung der Bildung, und zwar ebenso durch die Vermittlung von Kompetenzen wie durch die Sozialisation, die Befähigung zur Selbststeuerung sowie zur Einbindung in die politischen und gesellschaftlichen Strukturen. Sennett betont, wie die Versuche der modernen Sozialreform, Bedürftigkeit und Abhängigkeit des Menschen zu verringern, zu einer Ausweitung des Sozialstaates geführt haben. Umso wichtiger sei es, dass der Bürger dadurch nicht zum »Zuschauer seiner eigenen Bedürfnisse wird«.

Das Verfassungsgerichtsurteil vom Februar 2010 beleuchtet mit dem Hinweis auf die Gewährleistung eines menschenwürdigen Existenzminimums den von Sennett entfalteten Kontext. Würde verweist auf Respekt trotz Not und Abhängigkeit. Respekt wiederum beruht auf der Autonomie, die dem Einzelnen belassen wird. Denn die Möglichkeit, als Transferempfänger vom anderen Respekt zu erfahren, lebt davon, dass autonome Entscheidungen möglich sind und Verantwortung in beiden Dimensionen gefordert wird.

Beim Arbeitslosengeld II wurden in diesem Sinne die Regelsätze stärker pauschaliert, und es wurde von Einzelfallprüfungen abgesehen. Bedenklich ist die Regelung, die Miet- und Heizkosten bis zu einer bestimmten Grenze zu übernehmen. Ersparnisse zahlen sich so für den Transferempfänger nicht aus. Für mehr individuelle Autonomie wäre es sinnvoll, durch ortsübliche Wohnpauschalen (über Gutscheine) die Möglichkeit zu eröffnen, Geld statt für Wohnen für Bildung auszugeben. Solche Autonomie schafft Verantwortung und die Chance zur Selbstachtung.

Eine vergleichbare Fehlsteuerung verursachen – wie erläutert – die Hinzuverdienstregelungen, die einen hohen Anreiz für Teilzeitarbeit setzen und so Vollzeiterwerbstätigkeit diskriminieren. Damit wenden sich Empfänger von ALG II vor allem Beschäftigungsverhältnissen zu, die nur eine geringe soziale Bindung ermöglichen. Der Status ist gering, ebenso die Chance, Respekt zu erlangen. Eine Änderung der Hinzuverdienstregelung ist deshalb geboten. Das verlangt zugleich, die üblich gewordene leichtfertige Diffamierung der Aufstocker zu unterlassen. Sie verdienen Respekt, denn sie nutzen selbstverantwortlich ihre Einstiegschance. Und sie verdienen auch eine faire Aufstiegschance.

# 6. Bildung für Wachstum: Hemmnisse im föderalen Dschungel

Vor über 45 Jahren warnte der Heidelberger Pädagoge Georg Picht in der Wochenzeitschrift *Christ und Welt* mit dramatischen Worten vor der Bildungskatastrophe. Nach seiner Einschätzung befand sich das deutsche Schulwesen Mitte der 1960er Jahre im Vergleich mit anderen Industriestaaten in einem hoffnungslos veralteten Zustand, der die Wettbewerbsfähigkeit gegenüber dem Ausland auf das Äußerste gefährdete. Die Ursache für diese Katastrophe läge in der geringen Anzahl von Abiturienten pro Altersjahrgang, wobei das Gymnasium durch eine zu starke Auslesefunktion dafür verantwortlich gemacht wurde. Die Artikelserie beschloss Picht mit dem Ausruf: »Die Regierungen und Parlamente müssen jetzt handeln. Tun sie es nicht, so steht schon heute fest, wer für den dritten großen Zusammenbruch der deutschen Geschichte in diesem Jahrhundert verantwortlich ist.«

So weit ist es nicht gekommen. Doch die nach diesem Aufruf vor allem in den 1970er Jahren initiierten Reformen haben uns wegen der Pfadabhängigkeit von Bildungsprozessen in eine Situation gebracht, aus der wir nur mit Mühe und hohem finanziellen Aufwand herauskommen. Denn diese Reformen sind nicht erfolgreich gewesen, und zwar weder bezogen auf die seinerzeit formulierten Ziele einer größeren gesellschaftlichen Einbindung bildungsferner Schichten und einer besseren individuellen Förderung, noch gemessen an der heute bedeutsamen Kompetenzorientierung in internationalen Bildungsvergleichen.

Unbefriedigend ist vor allem der Befund, dass die soziale Differenzierung unseres Bildungssystems – überspitzt formuliert: die Reproduktion der Eliten – im internationalen Vergleich immer noch besonders ausgeprägt ist. Zwar zeigt eine Langzeitanalyse für den Zeitraum 1910 bis 2005, dass die Abhängigkeiten von der sozialen Herkunft beim Erwerb höherer Bildung geringer geworden sind (Klein, Schindler, Pollak, Müller 2010). Allerdings verläuft diese Entwicklung nicht kontinuierlich, sondern stagniert zeitweise. Dies gilt gerade für den Zeitraum von Mitte/Ende der 1960er Jahre bis zur zweiten Hälfte der 1980er Jahre. Erst nach Überwindung der reformpolitischen Engführung, das heißt ab der Mitte der 1980er Jahre, konnte wieder ein Rückgang der Ungleichheit im Erwerb der Hochschulreife beobachtet werden. Das sollte uns für die heutigen Reformanstrengungen zu denken geben.

Pfadabhängigkeiten sowie die Bedeutung der Übergänge zwischen den verschiedenen Stufen führen dazu, dass die Herausforderungen das Bildungssystem immer als Ganzes betreffen, freilich mit unterschiedlicher Schärfe. Für eine gesamthafte Sicht auf die Bildung spricht, dass die fortschreitende Wissensintensivierung der Arbeitswelt dazu führt, dass Bildung heute noch weniger als früher den Charakter eines abgeschlossenen Prozesses haben kann. Lebenslanges Lernen ist zudem in einer schrumpfenden und alternden Gesellschaft von qualitativ anderer Bedeutung als noch vor ein bis zwei Jahrzehnten. Damit verbindet sich eine Neustrukturierung der Bildungsverantwortung. Bürger und Unternehmen erhalten höhere Anteile an der gesamten Bildungsverantwortung. Die Bildungsbiografie als Ganzes zu sehen bedeutet einerseits, die scharfe Trennung zwischen Ausbildung und Weiterbildung aufzugeben, und andererseits, Bildungsprozesse bereits dort anzuregen, wo wir traditionell nur von Betreuung – im frühkindlichen Bereich – reden.

Angesichts dieser Handlungsnotwendigkeiten ist es erklärlich, dass wir – wie in der Euphorie der 1960er und 1970er Jahre – seit der ersten PISA-Studie im Jahr 2000 eine Welle von Reformen erleben. Selten zuvor waren in solch kurzer Zeit beispielsweise so viele Änderungen von unseren Schulen umzusetzen und von unseren Kindern zu verkraften. Nicht dass den Reformen überwiegend die falsche Zielsetzung oder die verkehrten Themen vorzuwerfen wären. Doch auffallend ist die mangelnde Koordinierung der Veränderungen, und zwar sowohl im föderalen Miteinander als auch in der zeitlichen Abfolge. »Überstürzt« ist für den Aktionismus der Ministerien noch ein nettes Adjektiv. So ist der Mangel in der Bildungspolitik unverändert groß: Es fehlt eine gerade für den Bundesstaat unumgängliche gesamtstaatliche Sicht, es fehlt ein auf die gesamte Bildungsbiografie bezogener Ansatz, es fehlt eine konsistent ökonomische Perspektive.

## Der Blick des Ökonomen auf die Bildung

Bildung aus ökonomischer Perspektive zu behandeln ist noch immer keine Selbstverständlichkeit. Der dabei bedeutsame Fokus auf wachstumspolitische Vorsorge erscheint vielen als zu eng. Dabei geht es beim Thema Bildung aus der Sicht des Ökonomen zwar in besonderer Weise um die Sicherung der Innovations- und Leistungskraft einer Volkswirtschaft, doch ebenso liegen hier – und nicht in der Sozialpolitik – die zentralen Voraussetzungen für Chancengerechtigkeit und damit für die dauerhafte Funktionsfähigkeit unserer freiheitlichen Ordnung. Selbstverantwortung und Mitverantwortung als die zentralen Steuerungsnormen individueller Freiheit und gesellschaftlicher Kohärenz sind hier grundlegend zu vermitteln.

Bereits die OECD-Studie »Bildung auf einen Blick« aus dem Jahr 2005 zeigt ein heterogenes Bild der deutschen Position im internationalen Vergleich. So gilt auf der einen Seite unverändert, dass der Bildungsstand der Bevölkerung stagniert. Andererseits konnten in den vergangenen Jahren bei wichtigen Indikatoren

Fortschritte erzielt werden. Ein »zwar, aber« durchzieht die Ergebnisse. Während der Anteil der Personen mit Abitur oder abgeschlossener Berufsausbildung auf international hohem Niveau verharrt, konnten alle anderen betrachteten Länder ihren Anteil deutlich steigern.

Deutschland verliert im Standortwettbewerb bei seiner wichtigsten Ressource – Humankapital – im Vergleich zu Konkurrenznationen tendenziell an Boden. Die Ausbildung dauert weiterhin zu lange, und noch vorhandene Bildungspotenziale werden nicht im gleichen Umfang erschlossen wie in anderen Ländern, um einem verschärften Fachkräftemangel in Zukunft vorzubeugen. Die erkennbaren Reformbemühungen bleiben bei aller Ernsthaftigkeit doch meist punktuell. Auch wenn die OECD ausdrücklich die Entwicklung von zeitlich aufbauenden Bachelor- und Masterstudiengängen lobt, gilt gleichzeitig der Befund einer unterdurchschnittlichen Entwicklung der Studienanfängerzahlen, wesentlich verursacht durch die Schließung von Fakultäten und ganzen Studiengängen wie durch die Ausweitung des Numerus Clausus.

Dennoch ist die These, dass in Deutschland Bildung generell unterfinanziert ist, nicht zutreffend. Denn die häufig auf einem Vergleich der Bildungsausgaben in Relation zum Bruttoinlandsprodukt fußende Unterfinanzierungsthese verliert an Überzeugungskraft, wenn stattdessen die Bildungsausgaben pro Bildungsteilnehmer verglichen werden. Dabei zeigt sich, dass der Anteil staatlicher Bildungsausgaben pro Bildungsteilnehmer im Hochschulbereich höher und im Elementar- bzw. Primarbereich niedriger ist als der OECD-Durchschnitt. Dies widerspricht der einfachen Logik, wonach der Elementar- und Primarbereich wegen der hohen positiven Wirkungen für die Gesellschaft staatlich finanziert werden sollte, während die Hochschulausbildung wegen der vor allem privaten Erträge in Form höherer Einkommen zu größeren Teilen als bisher privat zu finanzieren ist. Kurzum: Kindergartengebühren abschaffen und Studiengebühren einführen. Während bei uns das eine zunehmend geschieht, besitzt das andere keine gesellschaftliche Akzeptanz.

Dass der immer noch weitgehende Verzicht auf Studiengebühren Fehlsteuerungen zur Folge hat, zeigt sich auch an einer anderen Verwerfung. Wir haben mit die teuersten Absolventen, während die Ausgaben pro Studienanfänger im Großen und Ganzen dem internationalen Standard entsprechen. Die Ausfallquoten während des Studiums sind bei uns auffallend hoch; das kann an der mangelnden Verzahnung von Schule und Universität, an der ineffizienten Studienorganisation und der lange recht zögerlichen Modularisierung der Studiengänge in Bachelor und Master liegen. Ohne Zweifel wirkt sich hierbei aber auch die fehlende preisliche Steuerung aus.

Nun erschöpft sich der ökonomische Beitrag zum Thema Bildung nicht in der Forderung nach einer neuen Finanzierungsstruktur. Es müssen zur Sicherung des Standorts allgemein die Teilnehmerquoten in den Bildungsprozessen erhöht werden. Dies beginnt bei der frühkindlichen Bildung und Betreuung. Dadurch wird in Wahrheit der wichtigste Beitrag zur Bildungsgerechtigkeit geleistet, indem die Teilhabe an späteren Bildungsstufen ermöglicht wird. Insofern geht die öffentliche Kritik an Studiengebühren ins Leere, denn sie ignoriert die gesellschaftliche Vorleistungsverpflichtung in den vorgelagerten Bildungsstufen.

Viele Bildungspolitiker schreien immer noch auf, wenn Ökonomen sich zu »ihrem Thema« äußern. Doch der ökonomische Blick lichtet die oft schwülstigen Wertedebatten und ermöglicht einen nüchternen sowie unverkrampften Befund über die Konsequenzen von Bildungssystemen für die wachstumspolitische Vorsorge ebenso wie für die Sicherung von Chancengerechtigkeit. Die Orientierungskraft ökonomischer Argumente erweist sich gerade dann, wenn es darum geht, wie im Bundesstaat die Verantwortlichkeiten am besten zu organisieren seien. Der Ökonom verwendet für die Klärung dieser Frage zwei Kriterien: Zum einen ist dies die Bedeutung interregionaler Wechselwirkungen der Politik. So ist dezentrale Zuständigkeit eindeutig gegeben, wenn solche grenzüberschreitenden Effekte gering sind, während eine Politik, die sich gravierend auf andere Regionen auswirkt, auf die zentrale Ebene gehört.

Das zweite Kriterium ist die Differenzierung oder Einheitlichkeit der Bürgerwünsche. Sind die Präferenzen über die Regionen hinweg einigermaßen heterogen, dann ist eine zentrale Verantwortung mit den hohen Kosten unangemessener Nivellierung verbunden. Sind die Präferenzen dagegen weitgehend homogen, dann macht eine regionale Verantwortung keinen Sinn. Sie ist schlicht ineffizient, auch weil Größenvorteile in der Produktion der öffentlichen Leistungen nicht genutzt werden können.

Jede Zentralisierung von Kompetenzen auf der Ebene des Bundesstaates lässt sich danach nur begründen, wenn die Wechselwirkungen zwischen den Ländern höher zu gewichten sind als die mögliche Differenzierung der Bürgerwünsche. In der Realität gelingt eine glasklare Trennung der Kompetenzen damit allerdings nur im Grenzfall. Häufiger als wir uns vielleicht wünschen, ist es notwendig, Bund und Länder gemeinsam in die Bereitstellung von Leistungen einzubinden.

Dies gilt gerade für die Bildungspolitik. Für die schulische Bildung dürfen, da treuhänderisch für die Kinder gehandelt wird, heterogene Präferenzen der Bürger keine Rolle spielen. Die Kinder sollen bestmögliche Bildungschancen erhalten, und wo sie einmal leben wollen, können wir nicht wissen. Die Abschlüsse in den verschiedenen schulischen Zweigen müssen bundeseinheitliche Mindeststandards erfüllen, die sich an der internationalen Wettbewerbslage und den Anforderungen der anschließenden Bildungsstufen orientieren.

Die Ländergrenzen überschreitenden Effekte sind beachtlich, wenn die Vermittlung der Grundfähigkeiten nicht standardisiert gelingt. Die mit den PISA-Studien offenbarten dramatischen Unterschiede – sowohl in der mathematischen Kompetenz wie auch der Lesekompetenz der Schüler – zwischen den Bundesländern sind ein Verstoß gegen die Rechts- und Wirtschaftseinheit, sie verursachen enorme Kosten bei anderen Ländern, beim Bund und der Arbeitsverwaltung sowie bei den Unternehmen. So wie in einem einheitlichen Kulturraum Einvernehmen über die Leitlinien für die Integration junger Menschen als mündige Bürger in die Gesellschaft bestehen sollte, so muss auch Einvernehmen über die notwendigen Basiskompetenzen am Ende der Schullaufbahn herrschen, die für ein Studium, eine berufliche Ausbildung oder eine direkte Berufstätigkeit vorauszusetzen sind. Deshalb sollte der Bund für die Festlegung oder zumindest die Koordination verbindlicher Bildungsmindeststandards in den verschiedenen Fächern zuständig sein bzw. entscheidend dabei mitwirken.

Ähnliches gilt für die Hochschulbildung. So erfordern die Ansprüche an die Positionierung unserer Universitäten im internationalen Wettbewerb ebenso wie die erheblichen interregionalen Effekte eines hinsichtlich Qualität und Umfang unzureichenden Angebots eine Beteiligung des Bundes. Auch hier geht es um sichernde Mindeststandards. Die Beteiligung der Länder leitet sich dagegen aus der intraregionalen Vernetzung der Hochschulen, das heißt ihrer Einbindung in entsprechende Wirtschaftsräume, ab.

Aus einer grundsätzlichen Zuständigkeit der Länder folgt nicht, dass diese das Bildungsangebot selbst organisatorisch zu verantworten haben. Stattdessen gehört die Autonomie der Schulen und der Hochschulen wesentlich zu einem Wettbewerbssystem. Der jetzt diskutierte und fast zum Selbstzweck erhobene Wettbewerb der Bundesländer bei weitgehendem Abbau bundespolitischer Zuständigkeiten basiert auf einer Kompetenzillusion der Länder. Das Ziel muss ein Wettbewerb der Institutionen sein.

Daher ist die mit der Föderalismusreform 2006 eingeführte Abweichungsgesetzgebung der Länder für das Hochschulwesen ein Irrweg, denn damit gibt es für die Länder formal keine Notwendigkeit mehr zur Koordination bei Hochschulzugang und Hochschulabschlüssen. Mit dem ebenfalls 2006 in das Grundgesetz eingefügten Kooperationsverbot in der Bildungspolitik fehlt dem Bund jede Möglichkeit, auf die Schul- und Hochschulausbildung Einfluss zu nehmen. So verzichten wir in Zeiten der Globalisierung auf notwendige bundesstaatliche Steuerungsfunktionen.

Mehr noch: Wir gewinnen nichts beim notwendigen Wettbewerb der Institutionen Schule und Hochschule hinzu. Die Länder sind bislang trotz aller Bekenntnisse nicht bereit, mit der Autonomie – insbesondere unter Einbeziehung der Finanzen und der Nutzung von Studiengebühren – der Institutionen wirklich Ernst zu machen. Selbst in der föderalen Schweiz ist für eine neue Bildungsverfassung eine verpflichtende Zusammenarbeit und Koordination der Kantone vorgesehen. Auch uns lässt der internationale Wettbewerb keine Zeit mehr für Pilotprojekte und erst recht nicht für ein bildungspolitisches Chaos. Das aber droht schon aus einem ganz anderen Grund.

In den Schulen sollen offenkundig – betrachtet man den Reformeifer der jüngsten Zeit – versäumte Jahrzehnte in wenigen Jahren nachgeholt werden: Gymnasium mit acht Schuljahren (G8), Zentralabitur, Abschlussprüfungen an Hauptschulen, Ausbau von Ganztagsschulen sind zentrale Themen. Mit unterschiedlichem Elan und divergierender Geschwindigkeit sind die Bundesländer unterwegs, um Konsequenzen aus dem im internationalen Vergleich unbefriedigenden Befund über unser Bildungssystem zu ziehen.

Wir haben in unerträglicher Weise Bildungsarmut produziert: Rund 20 Prozent der 15-jährigen Jugendlichen fehlt es an Basiskompetenzen, je nach Bundesland und Bereich (Mathematik, Lesen, Naturwissenschaften) liegt dieser Anteil zwischen 13 und 32 Prozent. Bei Schülern mit Migrationshintergrund erreicht diese Gruppe im Bundesdurchschnitt gar über 40 Prozent. Zudem ist in Deutschland der Zusammenhang zwischen Bildungserfolg und sozialem Umfeld besonders stark.

Die Antworten der Schulministerien liegen zu Recht in einer Intensivierung der Bildungsbemühungen. So hat das Land Baden-Württemberg beschlossen, 40Prozent der allgemeinbildenden Schulen bis 2015 in Ganztagsschulen umzuwandeln oder mit entsprechenden Angeboten auszustatten. Der Schwerpunkt liegt bei den Grundschulen. Ähnliche Programme gibt es in anderen Bundesländern. Fast flächendeckend ist mittlerweile die Einführung des G8 und des Zentralabiturs beschlossen.

Die Versuche der Länder, endlich Wege aus dem Bildungsdesaster zu finden, rufen auch Widerstand hervor. In Bayern haben Eltern gegen G8 geklagt, weil sie in der damit verbundenen Ausweitung der Unterrichtszeit einen erheblichen Eingriff in ihr Erziehungsrecht sehen. Der Bayerische Verfassungsgerichtshof hat dies mit seiner Entscheidung vom 17. Mai 2006 verworfen: »Dem elterlichen Erziehungsrecht und den Grundrechten des Kindes steht im Bereich der Schule ein eigenständiger Erziehungsauftrag des Staates gegenüber.«

Damit sind wir beim ordnungspolitischen Kern des Themas: Wieso gibt es eigentlich eine Schulpflicht? Die historische Begründung ist immer noch aktuell. So verordnete der preußische König Friedrich Wilhelm I. am 28. Oktober 1717 die allgemeine Schulpflicht für jedes Kind von fünf bis zwölf Jahren, weil »die Eltern, absonderlich auf dem Lande, in Schickung ihrer Kinder zur Schule sich sehr säumig erzeigen und dadurch die arme Jugend in grosse Unwissenheit … auffwachsen laßen«.

Ökonomisch gesehen geht es um die Sicherung elementarer Gerechtigkeit durch faire und prinzipiell gleiche Bildungschancen sowie um die solidarische Einbindung aller in den gesellschaftlichen Prozess der Wohlstandsmehrung. Unsere Probleme verlangen eine zeitgemäße Ausgestaltung dieses Postulats: Soll die Ganztagsschule wirklich nur ein Angebot sein, über dessen Nutzung die Eltern nach Gutdünken entscheiden können, oder muss sie Inhalt der Schulpflicht werden? Sind deutliche Unterschiede beim Bildungserfolg zwischen den Bundesländern mit Blick auf die allgemeine Schulpflicht akzeptabel?

Die Klärung dieser Fragen hängt von den Funktionen ab, die man dem Schulsystem zuweist. Neben dem Erwerb von Basiskompetenzen gehört dazu die Ermöglichung der Teilhabe am gesellschaftlichen Leben. Es geht um das Vermitteln von Lehrinhalten wie auch gesellschaftlich-kultureller Werte. Die Befunde zur Bildungsarmut, insbesondere bei Migranten der zweiten und dritten Generation, zeigen, dass die Halbtagsschule Bildungsarmut nicht beseitigen kann. Die Schulpflicht als Ausdruck treuhänderischer Verantwortung der Gesellschaft für die Kinder ist im bestehenden System ausgehöhlt.

Angesichts der großen Bedeutung des frühen Erwerbs sozialer Kompetenzen für den individuellen Bildungserfolg sollte die Schulpflicht mit dem fünften Lebensjahr beginnen und sich auf die Ganztagsschule beziehen. So könnte zugleich Zeit für die Vertiefung der Bildungsbemühungen gewonnen werden, die mit Blick auf die weltweite Wissensintensivierung erforderlich ist. Die Ganztagsschule nur als Option der elterlichen Deutung von Erziehung ist zwar gut gemeint, aber weitgehend wirkungslos.

Wirksame bundeseinheitliche Mindeststandards bieten dabei zugleich die Chance für neue gestalterische Freiräume der Eltern. Dazu sollten die Bundesländer die Umsetzung der Vorgaben in eigener Verantwortung mit mehr Autonomie für die Schulen und einer Ausweitung der freien Schulwahl kombinieren. Wir müssen weg von der Vorstellung, dass öffentliche Aufgaben staatliche Produktion bedingen. In Schweden und den Niederlanden gibt es verschiedene Formen freier Schulwahl, beispielsweise über Schulgutscheine oder öffentliche Schulen in freier Trägerschaft. Wenn wir allerdings so weitermachen wie bisher, höhlen wir die Schulpflicht aus, ohne Freiheitsgrade zu gewinnen.

Dabei könnte uns eine solche Öffnung des staatlichen Schulsystems mit klaren Leistungsvereinbarungen mit den Schulen helfen, das drückende Problem der Schulabbrecher wirksam anzugehen. Die Quote der Abbrecher an allgemeinbildenden Schulen liegt trotz verschiedener Initiativen immer noch bei reichlich 8 Prozent, das entspricht fast 80 000 Jugendlichen. Allerdings werden die Effizienzprobleme unseres Schulsystems dadurch nur unzureichend erfasst. Denn zusätzlich weisen 130 000 bis 140 000 Schüler trotz eines formalen Abschlusses nicht die notwendigen Mindestkompetenzen für die Ausbildungsreife auf. Insgesamt sind damit über 20 Prozent eines Jahrgangs als Risikoschüler zu definieren, im Durchschnitt der Industrieländer liegt dieser Anteil bei 19 Prozent.

Das Bild trübt sich für Deutschland im internationalen Vergleich weiter, wenn man den in der Regel späteren Schulstart, das höhere Risiko, eine Klasse zu wiederholen, sowie die traditionell mangelnde individuelle Förderung berücksichtigt. Ein systematisches, in die fachlichen und zeitlichen Kapazitäten der Lehrer eingebundenes Förder- und Unterstützungskonzept für lernschwächere Schüler gibt es bisher nicht. Zudem verlassen rund 22 Prozent der Besucher von beruflichen Schulen diese ohne Abschlusszeugnis. Dabei dienen Berufsvorbereitungsjahr, Berufsgrundbildungsjahr und einjährige Berufsfachschule insbesondere der Kompensation mangelnder Ausbildungsreife.

Das Problem ist weitaus größer, als es öffentlich diskutiert wird. Die Gruppe der Risikoschüler, denen die Basisqualifikationen für eine berufliche Ausbildung fehlen, muss insgesamt ins Visier genommen werden. Es verbinden sich gewaltige Kosten mit diesem schulpolitischen Versagen der Bundesländer, wie eine Studie des Instituts der deutschen Wirtschaft Köln zeigt. So verursachen die Effizienzprobleme im Schulsystem Ausgaben von mindestens 3,7 Mrd. Euro pro Jahr (durch Klassenwiederholung, Abbruch sowie nachträglichen Erwerb des Hauptschulabschlusses). Zudem entstehen durch die nachschulische Qualifizierung Kosten in Höhe von rund 3,4 Mrd. Euro; allein beim Bund, der Bundesagentur für Arbeit und den Ausbildungsbetrieben zusammen fast 2 Mrd. Euro.

Trotz des bedrückenden Befundes sind die Hoffnungen auf schnelle Abhilfe arg getrübt. Als Bundesbildungsministerin Schavan sich vor einiger Zeit des Themas annahm, da war die erste Reaktion aus den Bundesländern nicht – wie es vernünftigerweise zu erwarten wäre – Zustimmung und die beginnende Suche nach einer gesamtstaatlichen Strategie, sondern der Hinweis, dass der Bund überhaupt nicht zuständig sei. Wie wollen wir unsere bildungspolitischen Probleme lösen, wenn das die Verhaltensmuster der Länderminister sind? Leisten können wir uns Eitelkeiten und Eifersüchteleien nicht mehr angesichts der langen Zeit, die es benötigt, bis Bildungsreformen greifen. Wir müssen durchstarten, und das kohärent in allen Bundesländern.

Wichtig ist die Einsicht, dass punktuelles Handeln nicht helfen wird. Das Ziel, die Abbrecherquote bis 2012 zu halbieren, kann nur gelingen, wenn die sich langfristig auswirkenden Ursachen therapiert werden. Die Politik hat die Probleme erkannt, doch die bisherigen Korrekturversuche der Länder tragen nicht weit, allein wegen der unzureichenden finanziellen Mittel. Wie sollen individuelle Förderpläne regelmäßig nach einer Lernstandserhebung erstellt und umgesetzt werden, nachdem das Stundendeputat der Lehrer bundesweit kräftig erhöht wurde, die Klassengröße nicht reduziert wird und die notwendigen Ressourcen für Unterstützungssysteme nicht bereitgestellt werden? Wie sollen die für einen funktionierenden Ganztagsschulbetrieb erforderlichen baulichen Voraussetzungen geschaffen werden, wenn die Kommunen als Schulträger schon mit dem Unterhalt der bestehenden Gebäude überfordert sind?

Die Landesminister spüren, dass ihr Bemühen nicht nachhaltig sein wird. Die nervöse Reaktion auf jede Art der Kritik, und sei es nur der empirisch unterlegte Leistungsvergleich für die Bildungspolitik der Bundesländer, ist dafür ein Symptom. Dennoch sind sie in der Pflicht, für eine angemessene Ausbildungsreife aller Schüler zu sorgen. Das erfordert die Kraft zu einer alle Bildungsstufen umfassenden Reform, den Mut zum gesamtstaatlich konsistenten Handeln und die Bereitschaft, mehr finanzielle Ressourcen für das zu reformierende Schulsystem zu mobilisieren.

Zur Klärung der Verantwortlichkeiten sind bestehende Fehlsteuerungen abzubauen. Das betrifft das Nebeneinander von Landesschulaufsicht und kommunaler Schulträgerschaft. Das betrifft die Möglichkeit der Länder, die finanziellen Folgen des Schulabbruchs teilweise abwälzen zu können. Stattdessen sollte ein Finanzierungspool bereitgestellt werden, den jedes Land – gemäß Verursachung – nach Anzahl der Risikoschüler zu füllen hätte und aus dem der Bund, die Arbeitsverwaltung und die ausbildenden Betriebe entschädigt würden. Pönale muss helfen, wenn Argumente nicht tragen: Wer nicht hören will, muss zahlen!

## Internationaler Vergleich und nationale Antworten

Wettbewerb ist immer anstrengend. Das spürten die Kultusminister der Bundesländer erstmals richtig durch die international vergleichenden Tests über die Leistungsfähigkeit der Schüler. Immerhin hatte Deutschland in den 1970er und 1980er Jahren an keiner internationalen Vergleichsstudie teilgenommen. Man war von der Logik der eigenen Reformen so umfassend überzeugt, dass man den immer lehrreichen Vergleich mit anderen Ländern ausschloss (oder vielleicht doch scheute?). Nach dem Schock über die erste PISA-Erhebung (2000) signalisierten die zweite und dritte PISA-Studie (2003 respektive 2006) immerhin eine Besserung; Deutschland schaffte es danach bei einzelnen Kategorien sogar erstmals über den Durchschnitt der OECD-Länder. Doch als klar wurde, dass die großen Mängel unseres Bildungssystems – wie die starke soziale Prägung des Bildungserfolgs und die prinzipiell verminderten Chancen von Kindern mit Migrationshintergrund – unverändert gelten, waren Enttäuschung und Ärger angesagt. Dieses

Grundmuster von leichter Verbesserung im internationalen Vergleich und nationaler Kritik an der PISA-Erhebung gilt auch für die Ergebnisse der vierten Vergleichsstudie (Erhebungsjahr 2009). Wiederum konnte in allen drei Kategorien – Mathematik, Naturwissenschaft, Leseverständnis – eine Verbesserung bei den Kompetenzwerten erreicht werden, in der OECD-Rangfolge änderte sich allerdings kaum etwas.

Fast aus dem Blickwinkel geriet das Bildungssystem, der Fokus der Kritik richtete sich auf die international vergleichenden Studien. Methodische Defizite und fragwürdige Vorgehensweisen in einzelnen Teilnehmerstaaten wurden von den Bildungspolitikern harsch kritisiert. Abgesehen davon, dass solche Schelte als Ablenkung von den wirklichen Themen und Fragen selbstverständlich zum bewährten Instrumentarium politischer Abwehrbemühungen zählt, verdeckt sie vor allem eins: die notleidende empirische Bildungsforschung in Deutschland. Die Länder haben bisher die Pläne zu einer angemessenen Bildungsberichterstattung weit verfehlt.

Es musste schon verwundern, dass die Bundesbildungsministerin und der Präsident der Kultusministerkonferenz ein Rahmenprogramm zur Stärkung der empirischen Bildungsforschung vorstellten und dazu die Kultusministerkonferenz gemeinsam mit dem Bundesbildungsministerium im Oktober 2010 den Beschluss fasste, ein »Zentrum für internationale Bildungsvergleichsstudien« zu gründen (insgesamt stellen Bund und Länder Fördergelder von immerhin über 3 Millionen Euro im Jahr zur Verfügung). Das damit im Grunde gegebene Eingeständnis, jahrzehntelang Bildungsreformen oder besser bildungspolitische Experimente im Blindflug durchgeführt zu haben, erschüttert. Der dritte Bildungsbericht (2010) war immerhin ein wichtiger Schritt zu einem valideren Befund, er bleibt jedoch als unpolitisches Konvolut ohne große Wirkungschance. Uns fehlen sogar die Bildungsforscher, so weit haben Bund und Länder zuvor dieses Analysefeld austrocknen lassen; damit mangelt es auch an einer angemessenen internationalen Vernetzung. Promotions- und Reisestipendien sollen nun den Wandel herbeiführen.

Geplant ist ferner ein »nationales Bildungspanel«, das die Kompetenzentwicklung im Lebenslauf, deren Bedingungen und die kritischen Übergänge zwischen den verschiedenen Bildungsstufen analysieren soll. Nimmt man diesen Forschungsdrang zur Kenntnis, so kann man den Eindruck gewinnen, dass wir in Deutschland erst vor kurzem mit staatlicher Schulpolitik begonnen haben. Freilich, das ist verschüttete Milch. Doch sollten die deutschen Bildungspolitiker zur Bescheidenheit gemahnt sein, wenn sie internationale Vergleiche über die stets gebotene kritische Distanz hinaus leichthändig verdammen.

Natürlich sind in den Jahren nach dem ersten PISA-Schock Erfolge erzielt worden. Dies betrifft vor allem den Bereich der Grundschulen, in einigen Ländern wie Bayern und Hessen sind konsistente Bildungspläne für die ersten zehn Lebensjahre erarbeitet und eingeführt worden. Doch immer noch ergeben sich gravierende Probleme aus den isolierten Reformen einzelner Bildungsstufen, die wiederum den unterschiedlichen Verantwortlichkeiten geschuldet sind. Bund, Länder, Kommunen und Arbeitsagentur sind oftmals unkoordiniert an den verschiedenen Ecken des Systems tätig.

Eine vollständige Sicht der Bildungsbiografie ist noch immer nicht die Grundlage bildungspolitischer Strategien. Nur so aber werden frühzeitige Verwerfungen in der Kompetenzaneignung mit ihren langfristigen Folgen politisch effektiv adressierbar, nur so lassen sich die Übergangsprobleme lösen. Wohin schlechte Vorbereitung, unzureichende Koordinierung, mangelnde Steuerung und fehlende investive Begleitung führen, zeigt das Desaster infolge der Verkürzung der Gymnasialzeit von neun auf acht Jahre (G8). Niemand bezweifelt, dass so ein Umstieg schwierig ist. Doch die Menge der Fehler – gerade in Hessen, aber auch in Bayern – geht allein zulasten unserer Kinder und ist inakzeptabel.

Überall war der gleiche Vorwurf zu hören: Die unzureichend

entrümpelten Lehrpläne führen zusammen mit alten G9-Lehrbüchern und fehlender Schulinfrastruktur zu einer Überforderung der Kinder vor allem in der Unterstufe. Nachhaltiges Lernen kann unter diesen Bedingungen kaum stattfinden. Die für die spätere – sei es in der Sekundarstufe 2 oder in der tertiären Bildung – Kompetenzaneignung erforderlichen Grundlagen können so kaum gelegt werden. Mittlerweile hat es in einigen Ländern Korrekturen der gröbsten Fehlentwicklungen gegeben. Doch wer die Bildung beschleunigen will, der muss mit deutlich geringeren Klassengrößen und günstigeren Schüler-Lehrer-Relationen arbeiten. Das freilich kostet Geld.

Richtig ist, dass die Bildungsforschung keine eindeutigen Zusammenhänge zwischen Klassengröße und Bildungserfolg kennt. So gibt es etwa empirische Untersuchungen für den Mathematikunterricht in den Vereinigten Staaten, die auf eine Neutralität der Klassengröße für den Bildungserfolg hinweisen. Doch gilt dies nicht bei veränderten Anforderungen und neuen pädagogischen Konzepten. Verwundern muss auch nicht, dass geringe Veränderungen der Schüler-Lehrer-Relation wenig helfen, es geht um weniger als 25 Schülerinnen und Schüler statt 33, wie es dem deutschen Schulalltag am Gymnasium entspricht. Dabei sind auch Umschichtungen denkbar; notwendig wären günstigere Schüler-Lehrer-Relationen in der Sekundarstufe I, vor allem der Unterstufe, und weniger in der Sekundarstufe II, wo wir mitunter sehr komfortable Situationen vorfinden.

Zwar ist unser Bildungssystem als Ganzes nicht unterfinanziert, wohl aber fehlfinanziert. Wer grundlegende Umstellungen vornimmt, der kommt vorübergehend ohne zusätzliche Investitionsmittel nicht aus. Doch die Bereitschaft dazu fehlt. Und was zählen wohlfeile Worte, wo konsequentes und konsistentes Handeln gefordert ist? Dass Bildung ein zentrales Anliegen der Politiker sei, gehört zu deren ungestraften Lebenslügen. Wir haben diese Lüge zu lange geduldet.

Erträglich wäre ja vieles, wenn man nun endlich Stringenz in den Reformbemühungen erkennen könnte. Doch Wille und Kraft divergieren oft und reichen nicht weit. Dabei bietet der demografische Wandel mit seinen kleiner werdenden Schülerjahrgängen eine beachtliche Option, fiskalisch tragfähig die finanziellen Grundlagen der Bildungspolitik zu stärken. Notwendig ist es dazu, den Blick von der Finanzierung der Institutionen auf die Ausgaben je Bildungsteilnehmer zu wenden. In Hessen beispielsweise ergibt sich aus der Entwicklung der Schülerzahlen bis 2020 ein Umwidmungspotenzial von fast 700 Millionen Euro. Diese Mittel im System zu belassen böte die einzigartige Chance, die verfügbaren Mittel je Schüler von heute 5300 Euro auf 6600 Euro zu steigern. Größere Effekte auf der Kostenseite der Bildung lassen sich dadurch erzielen, dass die Dezentralisierung im Schulsystem konsequent vorangetrieben und die Personal- und Budgetverantwortung vollständig auf die Schulen übertragen wird.

Die Vision sieht staatliche Schulen so handlungsfähig wie jene in freier Trägerschaft. Dabei geht es um eine neue Steuerungskultur der Schulen, bei der man sich nicht scheut, Schule als mittelständisches Unternehmen zu begreifen. Schule als Unternehmen zu verstehen kann sich als Baustein in eine umfassende Reformagenda einfügen. Neben besonderen Reformableitungen für die verschiedenen Schultypen ergeben sich schulformübergreifende Empfehlungen. Im Mittelpunkt steht dabei die größere Autonomie der Schulen. Soweit man aus den PISA-Daten positive Effekte größerer Schulautonomie auf den Lernerfolg der Kinder ermitteln kann, steht dies unter der Voraussetzung, dass die Schulen zu einer regelmäßigen und transparenten Rechenschaft verpflichtet sind.

Nur eine externe Evaluation kann gewährleisten, dass die vorgegebenen Bildungsstandards als verpflichtende Zielmarke von jeder Schule auch erreicht werden. Die Kultusministerkonferenz hatte bereits im Jahr 2002 die Einführung solcher Normen beschlossen, die leider verfehlt als Regel- und nicht als Mindeststandards definiert wurden. Erst durch Mindestnormen werden das zu erreichende Wissen und die aufzubauenden Kompetenzen klar und eindeutig bestimmt, wobei eine Überschreitung nicht nur möglich, sondern auch wünschenswert ist. Dabei dürfen solche Standards im Sinne der Outputorientierung nicht mit einem Abschied von den Fachkenntnissen und einer einseitigen Betonung der Methodenkompetenz einhergehen. Zwar weisen erste Untersuchungen im Zusammenhang mit dem Zentralabitur darauf hin, dies aber ist weder zwangsläufig noch wünschbar. Hier ist Achtsamkeit gefordert.

Das Land Hessen beispielsweise ist mit der Umsetzung von Schulautonomie und der Reform der Schulaufsicht weit vorangeschritten. So wurde bereits im Jahr 2006 nach einjähriger Pilotphase die landesweite Regelinspektion (»Schul-TÜV«) gestartet. Durch überprüfbare Zielvereinbarungen mit den Schulen und Vergleichsarbeiten für alle Stufen soll der Freiraum für mehr Schulautonomie entstehen. »Selbstverantwortung plus«, »Unterrichtsgarantie plus« und autonome Schulbudgets für Fortbildung sind dabei wesentliche Elemente, um Entscheidungskompetenz zu dezentralisieren.

Inhaltlich zeigt sich die hessische Politik durchaus mutig. Seit der Vorgabe einer Jahresstundentafel ab dem 1. August 2006 haben die Schulen sogar die Möglichkeit, von festen Zeitstrukturen zugunsten bedarfsorientierter Angebote abzugehen. Eigenständige Vertretungsbudgets stehen den Schulen seitdem ebenso zur Verfügung. Bei der Personalauswahl sollen – zunächst für 50 Prozent aller freien Stellen – die Schulleitungen völlig eigenständig entscheiden können. Dadurch soll es möglich werden, das Kollegium gemäß der im Schulprogramm niedergelegten Profilierung »formen« zu können.

Dass sich damit das Anforderungsprofil für die Schulleitung grundlegend verändert, wird erkannt und durch geringere Lehrdeputate beantwortet. An dieser Stelle sind Zweifel angebracht: In einem mittelständischen Unternehmen werkelt der Chef kaum in der Produktion mit. Will man Schulleiter im Kontakt zur Lehre halten, so ist das zwar richtig, doch wäre dann ein Verwaltungsassistent sinnvoll. Angesichts der ansonsten drohenden Überforderung kann man sich kaum vorstellen, dass die Autonomie in der Schule effizient umgesetzt werden kann. Die überdies gebotene managementorientierte Zusatzqualifikation für die Leitungskräfte hat bislang nicht die erforderliche Durchschlagskraft. Hier sind die Anstrengungen zu intensivieren und gegebenenfalls mit Sanktionen gegen erfolglose Schulleitungen zu bewehren.

Letztlich muss sich die Verbesserung der Schulqualität in der Leistungsfähigkeit und der gesellschaftlichen Integrationsfähigkeit der jungen Menschen niederschlagen. Dazu bedarf es spürbarer Wirkungen des Wettbewerbs zwischen den Schulen. So sollte sich der Erfolg einer Schule zweifach finanziell niederschlagen, einerseits global durch eine stärkere Bindung der Schulbudgets an die Schülerzahl und andererseits durch eine ziel- und leistungsorientierte Vergütung der Lehrkräfte. Zudem sollten Schulleiter analog zum Management nur befristet berufen werden; in Nordrhein-Westfalen ist dies bereits der Fall.

Noch ist die Vorstellung von der autonomen Schule eine Fiktion. Damit daraus eine realistische Vision wird, müssen die richtigen Ansätze durch umfassende Weiterbildungsangebote für alle Lehrer unterlegt und die Möglichkeiten wettbewerblicher Steuerung genutzt werden. Blumige, oft als Alibi erscheinende Managementsprache der immer noch von Alt-68ern durchsetzten Kultusbürokratie und eine neue Kontrolllogik werden es nicht richten können. Wirksamer Wettbewerb ist entscheidend, das wird letztlich auch mehr private Schulen erfordern.

Der frühere Bundesfinanzminister Steinbrück hatte wohl ungewollt 2008 der Diskussion um die Rolle der privaten Schulen neuen Schwung verliehen. Denn durch dessen Vorschläge, die Schulkosten für Privatschulen künftig nur bis zu einem Höchstbetrag als Sonderausgaben bei der Einkommensteuer anzusetzen, haben diese Bildungsangebote öffentlich Aufmerksamkeit erlangt. Rein fiskalisch denkend, war die erste Antwort des Finanzministers auf das Gebot des Europäischen Gerichtshofs, das Schulgeld für Kinder an ausländischen Schulen steuerlich geltend machen zu können, einfach und schlicht: Der Sonderausgabenabzug sollte sogar ganz abgeschafft werden.

Proteste der Landesschulministerien waren kaum vernehmbar. Dazu mag beitragen, dass die Privatschulen als Wettbewerbselement nur bedingt wohlgelitten sind und eine geringere Bedeutung haben als in anderen Staaten. Trotz steigender Nachfrage nach allgemeinbildenden Privatschulen bzw. Schulen in freier Trägerschaft – seit dem Jahr 1992 ist die Anzahl der Schüler in solchen Einrichtungen um rund 45 Prozent auf etwa 660 000 angestiegen – liegt der entsprechende Schüleranteil mit 7 Prozent bei uns weniger als halb so hoch wie im Durchschnitt der OECD.

Dabei sind Privatschulen eine wichtige Benchmark im Bildungssystem. Bei der Frage nach den schulinstitutionellen Bedingungen – wozu die Schulträgerschaft zählt – für die Schülerleistungen zeigt sich ein signifikanter Zusammenhang. Nach dem empirischen Befund auf Basis der PISA-Daten schneiden Schüler von Privatschulen im Durchschnitt besser ab, ganz deutlich auch in Deutschland. Die vorliegenden Studien weisen darauf hin, dass private Schulen erfolgreicher darin sind, eine für die kognitive Entwicklung der Schüler förderliche Lernumgebung zu schaffen.

Dies äußert sich in den Bildungsabschlüssen. Obgleich der bundesweite Anteil von Sonderschülern an privaten Förderschulen mit 16 Prozent viermal so groß ist wie an staatlichen Förderschulen, liegt die Schulabbrecherquote mit rund 8 Prozent nicht höher. Gleichzeitig ist der Anteil der Schüler mit Hochschulzugangsberechtigung aus Privatschulen deutlich höher als an staatlichen Schulen – in zwölf Bundesländern ist der Anteil mindestens zehn Prozentpunkte höher, in sechs Ländern ist diese Quote mehr als doppelt so hoch.

Angesichts dieser Erfolge müssten Privatschulen in Deutschland eine deutlich größere Bedeutung haben. Dass dies nicht so ist, erklärt sich aus einer eher restriktiven Schulpolitik, die das Kompetenzmonopol des staatlichen Systems im Mittelpunkt sieht. Solange die institutionelle Detailsteuerung als Instrument der Qualitätssicherung dominiert, wird sich daran nicht wirklich etwas ändern können. Neben speziellen gesetzlichen Hürden und Zulassungsschranken zeigt sich der größte Wettbewerbsnachteil der Privatschulen in ihrer Finanzausstattung.

Das geltende Recht verpflichtet den Staat zwar dazu, anerkannten Ersatzschulen eine Regelbeihilfe zu den laufenden Kosten des Schulbetriebs zu leisten. Doch die in den meisten Bundesländern schulartenspezifisch pauschal je Schüler zur Verfügung gestellten Mittel liegen oft deutlich unter den Ausgaben je Schüler an einer entsprechenden staatlichen Schule. Nach Berechnungen des Instituts der deutschen Wirtschaft Köln liegen die jährlichen Förderbeträge des Staates um rund 2800 Euro je Schüler unter den tatsächlich anfallenden Kosten bei staatlichen Schulen.

Die Bundesländer werden so insgesamt um rund 1,7 Mrd. Euro pro Jahr durch die Existenz der Privatschulen entlastet. Der dagegenzurechnende Effekt einer Minderung des Einkommensteueraufkommens, den der Sonderausgabenabzug von derzeit unbegrenzt bis zu 30 Prozent des von den Eltern zu zahlenden Schulgeldes hat, liegt mit etwa 120 Millionen Euro noch nicht einmal bei einem Zehntel. Unabhängig davon verbleibt für die freien Schulträger eine beachtliche Finanzierungslücke. Die Elternbeiträge lagen 2003 nach Schätzungen bei knapp 1600 Euro je Schüler und Jahr.

Dieser Tatbestand ist kaum mit dem verfassungsrechtlichen Sonderungsverbot zu vereinbaren, wonach eine Sonderung der Kinder nach den Besitzverhältnissen nicht befördert werden darf. Ein wirksamer Wettbewerb wird behindert. Dass ein solcher Wettbewerb aber wünschenswert ist, um effiziente Lösungen beim Erreichen definierter Ziele zu realisieren, dürfte unstreitig sein. Dass die Privatschulen sich trotz vielfältiger und finanzieller Benachteiligung mit guten Leistungen profilieren können, belegt die Wirkung betriebswirtschaftlichen Kalküls gerade im Schulsystem.

Die Schulminister der Länder sollten dabei klar Position beziehen. Auch wenn sie kaum höhere Finanzierungsbeträge für Privatschulen werden mobilisieren können, so ist doch der Nachweis ihrer Effizienzmöglichkeiten ein wichtiges Argument auf dem Weg zur autonomen staatlichen Schule. Hier sind die Länder insgesamt eher noch zögerlich. Die Bereitschaft, die Schulen – genauer: die Schulleitungen – mit wirklicher Personal- und Budgethoheit auszustatten, ist noch schwach. Der Dualismus von Land als verantwortlicher Instanz für Schulinhalt und Lehrqualität sowie den Kommunen als Schulträger erweist sich dabei als besonderes Problem. Denn autonome Schule ohne Steuerung von Sekretariat und Hausmeister wird wohl kaum gelingen können. Die Differenzierung der Schulen durch eigenständige pädagogische Profile kann so über den deklaratorischen Charakter der Schulprogramme kaum hinauskommen. Erst dann aber wäre ein Wettbewerbsfeld eröffnet, in dem staatliche und private Schulen wirklich voneinander lernen könnten und der Staat sich auf Standardsetzung sowie Qualitätssicherung konzentriert.

## Deutsche Stärken und die Kraft des Zweifels

Aus dem allgemeinen Gewusel der Bildungspolitik sticht die duale Berufsausbildung heraus. Während ansonsten häufig die Grundsatzfrage gestellt wird, hält sich hier die Einsicht, dass es vor allem um Korrekturen am System geht. Natürlich ist die Berufsausbildung nicht ohne Probleme, wie die Lehrstellenlücke und der hohe Bestand an Altbewerbern belegen. Doch zeigen die Erfahrungen mit dem 2010 verlängerten Ausbildungspakt, dass die Ursachen unzureichender Ergebnisse vor allem in den Voraussetzungen und in den Rahmenbedingungen der Berufsausbildung liegen.

Unabhängig davon hat der Pakt seit 2004 einiges bewirkt: So wurde eine realistische Diskussion über die Ausbildungsreife junger Menschen möglich, die zuvor als politisch nicht korrekt galt. Entsprechende Mindeststandards sind in einem Kriterienkatalog definiert worden. Ebenso wurde die empirische Basis valider, da nun Bewerber, die nicht aktiv an einer Vermittlung in eine Lehrstelle oder eine Qualifizierungsmaßnahme mitwirken, nicht mehr in der Lehrstellenstatistik geführt werden. Schließlich wurde die Debatte entkrampft, weil die in jedem Fall untaugliche Ausbildungsplatzabgabe nicht mehr ernsthaft zum Instrumentenkasten der Arbeitsmarkt- und Bildungspolitik zählt.

Durch den Pakt wurden natürlich nicht nur die Ausbildungsplatzbewerber stärker in die Pflicht genommen, sondern ebenso die Unternehmen. Es gelang, in den Jahren vor der Krise jeweils reichlich 40 000 neue Ausbildungsbetriebe zu gewinnen. Zusätzlich wurden gut 40 000 Einstiegsqualifikationen bereitgestellt. Dennoch blieb lange ein Ungleichgewicht auf dem Ausbildungsstellenmarkt bestehen. Bei der Suche nach den Ursachen wurde allzu leicht der Schwarze Peter entweder den jungen Menschen oder den Unternehmen zugeschoben. Doch der Übergang von der Schule in die Berufstätigkeit ist grundsätzlich mit Schwierigkeiten verbunden. Dies gilt vor allem infolge der Informationsasymmetrien zwischen Arbeitgeber und Arbeitnehmer, die bei Schulabgängern wegen fehlender beruflicher Erfahrung und Reputation eine besondere Bedeutung haben. Entsprechend ist die Jugendarbeitslosigkeit im OECD-Durchschnitt doppelt so hoch wie die Arbeitslosigkeit der Älteren. Diese Probleme lassen sich jedoch verringern, wenn eine berufsnahe Ausbildung zwischen Schule und Berufstätigkeit geschaltet werden kann.

Tatsächlich zeigen empirische Analysen, dass in Ländern mit dualer Berufsausbildung die Arbeitslosigkeit Jugendlicher um rund fünf Prozentpunkte niedriger liegt als in Ländern ohne solche Angebote. Das duale System erweist sich als sinnvoller Zwischenschritt zwischen Schule und Beruf. Allerdings scheint sich im Laufe der 1990er Jahre dieser Vorteil leicht abgemildert zu haben. Dies dürfte vor allem an den zunehmenden Schwierigkeiten liegen, Problemgruppen zu integrieren. Dahinter stehen sowohl gestiegene Anforderungen der Ausbildungsberufe als auch eine nicht unerhebliche Anzahl von Jugendlichen mit eklatanten Kompetenzmängeln. Deshalb wird zu Recht versucht, durch Integrationshilfen und zweijährige Ausbildungsgänge eine Antwort zu finden. Auch die Einstiegsqualifikationen schaffen hier Abhilfe.

Trotz der positiven Funktion der dualen Berufsausbildung verfügt aber nur gut die Hälfte aller Betriebe in Deutschland über die erforderliche Ausbildungsberechtigung. Daran wird sich angesichts der erforderlichen Sicherung von Mindeststandards für die Qualität der Ausbildung wenig ändern können. Hinzu kommt, dass lediglich die Hälfte aller berechtigten Betriebe tatsächlich ausbildet. Dabei zeigte sich zuletzt das Phänomen, dass der Mangel an ausbildungsreifen jungen Menschen Unternehmen veranlasst, ihre Ausbildungsangebote vom Markt zu nehmen und andere Wege der Rekrutierung zu wählen.

Damit rückt die Höhe der Ausbildungsvergütung in den Fokus. In vielen Branchen liegen die entsprechenden Beträge oberhalb der BAföG-Sätze. Gerade für leistungsschwächere Jugendliche ergeben sich so erhebliche Zugangshürden. Das Einfrieren der Vergütungen – wie in verschiedenen Tarifverträgen der letzten Jahre vereinbart – ist deshalb eine wichtige Option. Der politische Diskurs sollte sich hier offener zeigen – zumindest so lange, wie das allgemeinbildende Schulsystem in dem benannten Ausmaß seine Aufgaben nicht erfüllt.

Schließlich sollten wir nicht übersehen, dass der Strukturwandel zur Tertiarisierung unserer Wertschöpfung das Angebot an Ausbildungsstellen belastet. So liegt die Ausbildungsquote in Produktionsberufen mit 10 Prozent immer noch doppelt so hoch wie in Dienstleistungsberufen. Deshalb darf nicht nur den Problemgruppen Aufmerksamkeit geschenkt werden. Es ist ebenso auf den oberen Qualifikationsrand zu achten. Zusatzqualifikationen, erleichterter Hochschulzugang und duale Studiengänge sind wegweisend. Der Karriereweg von der Lehre bis zur akademischen Weiterbildung muss selbstverständlicher werden. Dann bleibt die duale Berufsausbildung ein Asset für den Standort Deutschland.

Dies ist umso bedeutsamer, als sich die Lage in den Unternehmen immer weiter aufhellt. Industrie und die sie umrankenden Dienstleistungen werden wieder von den Megatrends im globalen Strukturwandel getragen. Doch der Erfolg ist nicht voraussetzungslos. Innovationskraft und Internationalität werden dafür zu Recht immer als bedeutsam genannt. Für die Sicherung der Innovationskraft wird die Bedeutung der tertiären Bildung betont, und zwar durchaus berechtigt. Doch fragwürdig ist es, wenn die OECD im jährlichen Bericht »Bildung auf einen Blick« regelmäßig einen Mangel an Hochqualifizierten in Ländern konstatiert, die wie Deutschland ein duales Berufsbildungssystem haben.

Tatsächlich liefert die duale Berufsausbildung mit ihren differenzierten Zugängen zur Arbeitswelt einen wesentlichen Beitrag zum Erfolg unserer Industrie. Wertschöpfungsnah wird ausgebildet und zugleich die Basis für eine entsprechende berufsbegleitende Weiterbildung gelegt. Den Erfolg messen wir an der im internationalen Vergleich sehr geringen Jugendarbeitslosigkeit, die in den OECD-Staaten seit Ende 2007 nur in Deutschland rückläufig war. Zugleich landen mehr Weiterbildungsabsolventen auf dem Chefsessel als Fachhochschulabgänger.

Um dem Fachkräftemangel angemessen Rechnung zu tragen, müssen wir die duale Berufsausbildung stärken: Durch Praxisorientierung wird die Integration von Problemgruppen in den Arbeitsmarkt noch effektiver gelingen; durch Modularisierung und flexible Kombination kann den Bedürfnissen der Auszubildenden wie der Unternehmen noch besser entsprochen werden; durch eine engere Verzahnung von Berufsausbildung und Studium wird der Einstieg in die Bildungsbiografie des lebenslangen Lernens Realität. Dabei muss es uns gelingen, den Kopenhagen-Prozess, der auf mehr europäische Vergleichbarkeit in der beruflichen Bildung zielt, nicht zur Gefährdung dieser Stärke werden zu lassen. Denn mit der dualen Berufsausbildung stehen wir in der Europäischen Union – abgesehen von Österreich und noch Dänemark – ziemlich allein. Wir müssen alles daransetzen, eine angemessene Zuordnung zu den Kompetenzstufen zu erreichen. Alles andere würde unseren Standort schwächen.

Insgesamt wird es in der Bildungspolitik darauf ankommen, bei aller Notwendigkeit europaweit harmonisierter Reformen das Besondere unserer Bildungstradition zu bewahren und nicht leichtfertig oder aus falschen Gründen zur Disposition zu stellen. So müssen wir einerseits die Vorteile der Hochschulreform im Bologna-Prozess für Transparenz und für Mobilität durch mehr Vergleichbarkeit sowie gegenseitige Anerkennung mobilisieren, doch wir sollten andererseits darauf achten, die bewährte Offenheit der deutschen Universität zu sichern und die Verschulung begrenzen. Ansonsten werden die im Grundsatz begründeten Reformen keine Überzeugungskraft gewinnen können. Eine Rolle vorwärts, wie in Mecklenburg-Vorpommern mit der Wiedereinführung des Diploms, ist keine überzeugende Alternative.

Das achtjährige Gymnasium und die Studienreform für Bachelor und Master bedeuten oberflächlich betrachtet vor allem eine andere Zeitstruktur dieser Bildungsgänge. Verkürzung und Modularisierung sollen dazu führen, dass unsere Absolventen früher – also wie in vielen anderen Ländern eher im Alter von Anfang zwanzig – dem Arbeitsmarkt zur Verfügung stehen. Aus Sicht der demografischen Entwicklung ist dies zu begrüßen. Denn so können wir durch eine Verlängerung der Erwerbstätigkeit den Folgen der schrumpfenden Bevölkerung entgegenwirken. Auch die Modularisierung ist in diesem Kontext sinnvoll, da so der Einstieg in eine lebenslange Bildungsbiografie mit wiederholten intensiven Phasen des Aufnehmens neuer Inhalte greifbar wird.

Doch: Wer solche Reformen einleitet, der muss wissen, dass dies ohne eine entsprechende Aufstockung und Umschichtung der finanziellen Mittel und eine Entschlackung der Curricula nicht zu bewältigen ist! Stattdessen wurde die Umstellung der Studiengänge auf Bachelor und Master von den Finanzministern der Länder völlig verfehlt als Sparprogramm gedeutet, da das grundständige Studium sich um zwei Semester verkürzen sollte. Doch die Verschulung des Studiums verlangt nach einer anderen Ausstattung im Bereich der Lehre, die indes nicht vorgesehen war. Erst im Dezember 2010 wurde in Ergänzung zum laufenden Hochschulpakt 2020 von Bund und Ländern ein »Qualitätspakt Bildung« beschlossen und mit 2 Mrd. Euro für die Jahre 2011 bis 2020 ausgestattet.

Auch an dieser späten Reaktion und der Hilfe des Bundes wird deutlich, dass die Wissenschaftsminister der Länder, aber auch viele Universitätsleitungen die Größe der Aufgabe sowie den erforderlichen Ressourcen- und Zeitbedarf verkannt haben. Sie haben nachlässig und unverantwortlich gehandelt. Die aus diesem Kreis zu vernehmenden Beileidsbekundungen an die Studenten sind deshalb wenig glaubwürdig. Besonders ärgerlich wurde es aber durch die Ignoranz, mit der man den großen Bildungstraditionen unseres Landes begegnete. Die These, der Bologna-Prozess sei grundsätzlich und nicht bloß in seiner Umsetzung verfehlt, wird dadurch genährt.

Die mit der Gründung der Berliner Universität im Jahr 1810 und mit den Namen Humboldt, Fichte und Schleiermacher verbundene fundamentale Reform der deutschen Universitätslandschaft trägt bis heute deren Reputation. »An die Stelle eines emphatischen Wahrheits- und Weisheitsauftrags der Universität ist die Autorität des Zweifels« gesetzt worden (Frühwald 2008). Wissenschaft als methodisierten Zweifel zu verstehen bedeutet, auf die Vielfalt sowie den Widerstreit der Meinungen zu setzen. Dafür muss aber der notwendige Freiraum gewährt werden.

Die Autorität des Zweifels ist zeitlos. Sie richtet sich gegen eine internationale Gleichmacherei, die ihr Ziel der Internationalisierung des Studiums nicht zu erreichen vermag. Und sie richtet sich dagegen, den inneren Zusammenhang von Gymnasium und Universität zu verkennen. Beiden zentralen Institutionen unserer Bildungslandschaft wurde Schaden zugefügt. Ein Zurück im Grundsatz wird es dennoch nicht geben können, deshalb muss alles auf die Besserung der Zustände an den Bildungsinstitutionen gerichtet werden. Die Universitäten sind aufgerufen, ihre Autonomie verantwortlich auszufüllen und damit einem breiten, eigentlich traditionellen Bildungsbegriff Raum zu geben, einem Bildungsbegriff, der nicht auf den Erwerb von Humankapital reduziert ist, sondern einen breiten Nutzen der Bildung und einen entsprechend vielfältigen Kanon ihrer Funktionen reflektiert.

So lässt sich das Bildungssystem im Dienst der Sozialisation, des Erwerbs von Basiskompetenzen und des Erwerbs von Humankapital als marktfähigem Wissen definieren. Die Sozialisation zielt auf die Fähigkeit, sich im öffentlichen Raum der Freiheitsgesellschaft angemessen bewegen zu können. Dies erfordert Selbständigkeit, Kreativität, Selbstbewusstsein, die Kraft zum eigenen Urteil und die Einsicht in die sowie die Freude an der Verantwortung für das Selbst wie das Miteinander. Bildung verringert soziale Distanz und schafft Sozialkapital – verstanden als Verpflichtung und Vertrauen in das Miteinander – und begründet damit erhebliche positive externe Effekte auf die gesellschaftlichen, politischen und ökonomischen Netzwerke.

Nicht nur der Ökonom ist gut beraten, die Notwendigkeit eines offenen Bildungskonzepts zu sehen und sich vor Einseitigkeiten und Überhöhungen zu hüten, wie sie in der Finanzkrise manifest wurden. Dies gelingt, so der Philosoph Odo Marquard (1986), durch die Bewahrung des Narrativen. Dazu zählen Sensibilisierungsgeschichten zur Mobilisierung des Ästhetischen, Bewahrungsgeschichten zur Sicherung von Vertrautheit sowie Orientierungsgeschichten zur Eröffnung ethischer Dimensionen. Dahinter steht die Erkenntnis, dass trotz extremer Zeitpräferenz der modernen Welt Herkunft und Zukunft letztlich nicht voneinander zu trennen sind. Die historische Zeit bietet eine Basis, um den Absolutheitsanspruch zu relativieren, der zeitgenössischen Lösungsansätzen schnell zuwächst, vor allem durch die heute mit Konjunktur versehene Negierung von Kontinuität und Pfadabhängigkeiten.

Wir müssen trotz aller Verwertungsinteressen, die seitens Wirtschaft und Gesellschaft an die Wissenschaften adressiert werden, den Freiraum für zielloses Zweifeln, für urwüchsige Neugier und das interdisziplinäre Querdenken erhalten und ausweiten. Methodische Begrenzungen, die mitunter der Verschulung universitärer Lehre geschuldet sind und den verstehenden Blick auf komplexe Systeme behindern können, dürfen nicht als das Normale akzeptiert werden. Wir sollten Umwege zulassen und nicht diffamieren. Die Nutzung dieser Potenziale und der Verzicht auf eine Linearisierung der Vernunft spiegeln das Zusammenspiel von Rationalität und freiheitlicher Ordnung.

# 7. Ordnungspolitisches Handeln: Mehr Glück als Verstand?

Wachstum, Finanzkrise, Währungskrise, Arbeitsmarkt und Bildung – dieses Panorama ausgewählter ordnungspolitischer Fragen hat immer wieder vergleichbare Erfahrungen der Wirtschaftspolitik geliefert. Erfolg und Misserfolg lagen ebenso oft nahe beieinander wie Verständnis und Unverständnis ökonomischer Zusammenhänge.

- Obgleich die vorherrschende politische Meinung eine andere ist, wird doch *Wachstum* durch Arbeit erlebt. Die Einsicht in die Bedeutung der Industrie als Basis für unsere wirtschaftliche Entwicklung und die Wahrnehmung der laufenden Re-Industrialisierung sind spürbar gewachsen, wenngleich sich bei der Frage künftiger Energieproduktion und der damit sich verschiebenden Ressourcenfrage ein hohes Maß an Naivität zeigt. Erstaunlich sind die beharrlichen Versuche, den Wachstumsbegriff und die Wachstumsmessung einer wenig ertragreichen Fundamentalkritik zu unterziehen. Unbeachtet ist weithin die Tatsache, dass Wachstum in der Freiheit unvermeidbar ist und dass deshalb die eigentlich krude Frage, was wachsen soll, nur mit Freiheit beantwortet werden kann.

- Die *Finanzkrise* als spontane und systemische Unordnung der wirtschaftlichen Verhältnisse resultiert aus undisziplinierter Freiheit. Freiheit, die im täglichen Tun und Unterlassen nicht durch die unmissverständliche Forderung nach Selbstverantwortung und Mitverantwortung gesteuert wird, verliert sich am Ende selbst. Doch die historische Erfahrung lehrt, dass solch fundamentale Verwerfungen selten sind. Es erweist sich als dringend, das wirtschaftspolitisch bedeutsame Konzept der Krise – die spontane Unordnung und systemische Panik – von den allfälligen Verunsicherungen zu unterscheiden. Wir müssen wieder lernen, Konjunkturzyklus und Anpassungen im Strukturwandel als Teil der Normalität zu begreifen.

- Die *Währungskrise* in der Eurozone mit den dahinterstehenden Ungleichgewichten zwischen den beteiligten Volkswirtschaften hat die Frage aufgeworfen, ob die Währungsunion eine Zukunft hat bzw. haben soll. Manche dazu vorgetragene Position war kein konstruktiver Beitrag, denn sosehr man Fehlentscheidungen aus den 1990er Jahren beklagen kann, so führt doch kein Weg an der Einsicht vorbei, dass die Währungsunion eine Schicksalsgemeinschaft ist. Sie ist damit, denkt man etwa an die Entwicklungen im Energiesektor, nur ein Vorläufer vergleichbarer Zusammenhänge an anderer Stelle. So kommt es entscheidend darauf an, die gebotene Solidarität durch ein Regelwerk der nationalen Selbstbindung zu justieren.

- Durch Wachstumspolitik, Krisenpolitik und Währungspolitik sind die Regierungen gefordert, dauerhaft gesamtwirtschaftliche Bedingungen zu schaffen, die für den Einzelnen verlässlich und glaubwürdig sind und damit seine Pflicht zur Selbstverantwortung wie zur Mitverantwortung unterlegen. Auf der individuellen Ebene wird dies durch *Arbeit* und Bildung ermöglicht. Da macht es Mut, dass der Arbeitsmarkt heute Möglichkeiten bietet, die noch vor fünf Jahren als unrealistisch bewertet worden wären. Es kommt darauf an, dies nicht durch einen Rückschritt in der Verteilungsdebatte zu gefährden. Man wird diese Diskussionen nur bestehen, wenn man einen ehrlichen Befund der Arbeitsmarktlage zugrunde legt. Bisher leben die Forderungen nach mehr Umverteilung aber vor allem von Vorurteilen und Halbwissen. Nur wer vor den Fakten Respekt hat, der wird auch Respekt für seine Forderungen gewinnen.

- *Bildung* in den Dienst des Wachstums zu stellen wird viele erschrecken, die sich in humanistischer Tradition sehen. Doch Wachstum aus Freiheit erfordert eine Bildung, die zur Freiheit und zur Verantwortung befähigt. Es geht nicht nur um Kompetenzen und Fähigkeiten, sondern ebenso um die Einsicht in das Gemeinsame, in die Gestaltung des öffentlichen Raums als Mitverantwortung eines jeden. Bildung als Nutzanwendung soll damit nicht zurückstehen, doch man sollte sich der Gefahr bewusst sein, die mit einer solchen Verengung von Bildung einhergeht. Die Finanzkrise hat das deutlich werden lassen. »Bildung ist kein Arsenal, Bildung ist ein Horizont«, so der Philosoph Hans Blumenberg (1998). Dafür in Zeiten forcierter Schul- und Universitätsreform zu werben ist keine Selbstverständlichkeit.

Der Rundblick auf die Wirtschaftspolitik der vergangenen Jahre drängt zu der Frage, warum – trotz greifbarer Erfolge – dies alles politisch und gesellschaftlich so extrem kontrovers blieb und eine gemeinsame Bewertung des Erreichten kaum möglich ist. Denn eigentlich sehnen sich die Menschen immer wieder nach Perspektiven, die Hoffnung geben, und nach Versprechen, die Glaubwürdigkeit beanspruchen können. Der Bedarf an Erzählungen, die dies als Sensibilisierungs-, Bewahrungs- und Orientierungsgeschichten bieten und von der Mühsal in der Ebene des Alltags ablenken, manifestiert sich von Zeit zu Zeit in vielen Gesellschaften (Marquard 1986). Solche politischen Mythen haben die Funktion, Kontingenz und Komplexität zu reduzieren, um Leben gestaltbar zu machen. Zugleich gilt: »Strukturelle Reformfähigkeit bleibt an Großerzählungen gebunden, die politische Perspektiven bieten und eine Gesellschaft zu mobilisieren vermögen.« Und: »Je stärker der Grad politischer Partizipation, desto größer die Erfordernis solcher Erzählungen« (Münkler 2009).

Das Erleben gemeinsamer Anstrengung oder die Erinnerung an die Grundlagen der Gemeinschaft bieten den Stoff für derartige Erzählungen, derartige Mythen. Ob daraus aber wirklich eine solche Narrative wird, das hängt wesentlich von den historischen Prägungen einer Gesellschaft ab. Die Bundesrepublik Deutschland ist aufgrund ihrer Geschichte »eine weithin mythenfreie Zone – zumindest, wenn es um politische Gründungs- und Orientierungsmythen geht« (Münkler 2009). Ökonomischer Wohlstand und sozialer Ausgleich wurden in den 1950er Jahren die Mythen der neuen, symbolarmen Republik. So etwas trägt nicht weit, wenn es keine Selbstverständlichkeit mehr hat und seine Sicherung unter den Bedingungen der Globalisierung einen Strategiewechsel bedingt.

Erstmals unter Bundeskanzler Helmut Schmidt musste zu Beginn der 1980er Jahre die alte Bundesrepublik vom Kurs einer staatlichen Expansion abweichen, um die ökonomische Entwicklung zu sichern. Die Revision der Staatstätigkeit wurde damit zum Dauerthema. Damit wurde aber in Zweifel gezogen, was um 1970 als Reformpolitik für Fortschritt und Zukunftsfähigkeit mythenreich quasi als Vollendung des Wiederaufbaus und als Definition der Normalität inszeniert worden war: Bildungsexpansion, Ausbau des Sozialstaats, Etablierung der Konjunkturpolitik und kooperativer Föderalismus. Die Zeit der allgemein überzeugenden Einsichten war vorbei, ohne dass die sachlich und zeitlich konsistente Korrektur in den Einzelbereichen eine alternative Erzählung begründen konnte. Auch die Erfolge der Jahre bis zur Wiedervereinigung haben keine neue wirtschaftpolitische Gemeinsamkeit kreieren können. Die Reformen, die von Kanzler Gerhard Schröder ab 2003 eingeleitet worden waren, griffen noch schärfer die immer noch nachstrahlenden Mythen der scheinbar guten Jahrzehnte nach dem Krieg an. So erodierte das westdeutsche Mythensystem, nachdem das ostdeutsche mit der Wende bereits implodiert war. Das mag manches an schlechter Stimmung und an Verzagtheit erklären, was den Deutschen seitdem vorgeworfen wurde.

Vor diesem Hintergrund musste es schwerfallen, solche Veränderungen nicht nur anzukündigen, sondern sie auch durchzusetzen. Neue Mythen entstehen nicht durch Beharrlichkeit. Nur die nüchterne Analyse und Kommunikation der Wirkungen kann auf mittlere Frist für Orientierung sorgen. Das erfordert, die Welt nicht in Schwarz oder Weiß darzustellen, sondern zu akzeptieren, dass sie meist in Grautönen unterwegs ist. Aufhellung kann nur gelingen, wenn im Sinne eines realistischen Optimismus das, was funktioniert und positiv nach vorne weist, gewürdigt wird. Die leider allzu oft zu konstatierende Unfähigkeit zum nüchternen Befund reflektiert nichts anderes als die Schwierigkeiten der deutschen Identitätsfindung. Wer nicht weiß, was er ist und sein will, der weiß auch nicht, wo er steht und wo er hin will.

Der Mangel an gesellschaftlicher Identität und damit an Selbstbewusstsein äußert sich in Hilflosigkeit, in Ersatzhandlungen und in Extrempositionen. Der Protest gegen Infrastrukturvorhaben wie in Stuttgart gegen das Bahnprojekt S21 kann so eine Erklärung finden. Es sind Probleme einer Wohlstandsgesellschaft, die ein Interessengeflecht aus sehr individuellen Präferenzen ans Tageslicht bringen. Was zum Widerstand gegen den Staat stilisiert wird, erinnert durchaus an den 1968er-Aufstand der Kinder gegen das Versagen der Eltern im Dritten Reich. Die Einsicht in die Bedeutung von Regeln und Prozeduren in der Demokratie schwindet, nur die eigene Legitimität und die gute Absicht zählen. Was 1968 noch eine politische Idee und einen historischen Kontext zur Basis hatte, das folgt heute ichbezogenen Überlegungen und der Ablehnung einer staatlichen Verantwortungsperspektive. Widerspruch gegen den Widerstand wird nicht geduldet, die Disziplinierung der Freiheit durch Regeln negiert. Unversöhnlichkeit ist indes keine Basis für die demokratische Gestaltung des öffentlichen Raums.

Selbst in den nach eigenem Bekunden aufgeklärten Medien findet sich viel Verständnis für diesen Protest und wenig Akzeptanz für demokratische Verfahren. Regeln werden wegen ihrer Motivneutralität im konkreten Fall als substanzlos und würdelos abgewertet. Doch: Ein Spiel wird erst durch Regeln schön! Regeln eröffnen die Möglichkeit, sich von Willkür zu befreien. Sie gewinnen ihre Kraft und erfordern Respekt, weil sie in Unkenntnis spezifischer Konfliktlagen formuliert wurden (unter dem Rawls'schen Schleier der Unwissenheit, Rawls 1979). Das klingt banal. In der Praxis der Demokratie erweist es sich dennoch nicht als selbstverständlich. Wie auch – so kann man anfügen –, wenn niemand dafür streiten mag? Wenn der Hinweis auf Regeln lächerlich wirkt und die Bereitschaft zur Anpassung der Regeln für künftige Verfahren, wie es im Sinne eines kollektiven Lernens immer wieder notwendig und üblich ist, schon als billige Ausrede gedeutet wird?

In Unternehmen würde man sich in einer entsprechenden Situation auf den Weg machen und ein Leitbild erarbeiten, das die Unternehmensführung und Beschäftigte einenden Ziele und Werte klärt. Erst auf dieser Grundlage gelingen umfassende Restrukturierungen. Das bedarf einiger grundlegender Erwägungen über die Möglichkeiten und Grenzen ordnungspolitischer Konsequenz in pluralistischen Gesellschaften und über konkrete Aspekte der Entscheidungsfindung im demokratischen Gruppenstaat. Es geht um die Bereitschaft zur Veränderung und den Sicherheitsbedarf im Wandel, um die Würdigung der Freiheit als Anker unseres Wertegerüsts, um ihre Disziplinierung durch Regeln, individuelle Moral und Vertrauen, und es geht natürlich um die Rolle der Ökonomen bei alldem.

*Angst vor der Veränderung.* Wer schon einmal in Berlin mit der U-Bahn gefahren ist, der weiß: Beim Betreten der Bahnhöfe wird der Fahrgast gebeten, sein Ticket zu entwerten. Für den englischsprachigen Gast lautet die Bitte: »Please validate.« Diese Nebensächlichkeit im Lebensalltag macht darauf aufmerksam, in welchem Maße Sprache zugleich Ausdruck kultureller Prägungen ist. Damit werden grundverschiedene Orientierungen sichtbar, die letztlich die Wirtschaftspolitik und ihr Umfeld prägen. Bislang haben die Deutschen jeden Beginn wirtschaftspolitischer Erneuerung als Entwertung des Bestehenden verstanden.

Viel zu oft hören wir aus der Politik den Hinweis, dass die Lasten und Zumutungen der Reformen fair verteilt werden sollen. Angemessen und richtig wäre es, von der fairen Verteilung der Chancen und des Zutrauens der Erneuerung zu sprechen. Der notwendige Mentalitätswandel wird als Prozess gesellschaftlicher Neuorientierung nur gelingen, wenn wir nicht bei allgemeinen Sätzen stehen bleiben. Wir müssen schon mit unserer Sprache anders umgehen, damit wir die defensive Grundeinstellung wandeln können. Dann wird die Überraschung der Freiheit attraktiv. Ein gutes Wort, da es auf mentale Offenheit setzt und Zukunftszuversicht verspricht. Aber: Darauf einlassen wird sich nur, wem glaubwürdig erscheint, dass es sich nicht um eine böse Überraschung handelt, weil die Veränderung als Selbstzweck bedient und das Bestehende aus dem gleichen Motiv beseitigt wird.

*Veränderung erfordert Sicherheit.* »Früher war mehr Lametta!« So hören wir Loriots Opa Hoppenstedt nölen. »Dieses Jahr bleibt der Baum grün … naturgrün … mit frischen natürlichen Äpfeln … naturfrisch und umweltfreundlich …«, so lautet die Reaktion der Familie Hoppenstedt. Diese Geschichte justiert das Gewöhnliche – das zur Gewohnheit geronnene – durch groteske Überzeichnung neu. Sie verweist auf einen unvermeidbaren Konflikt, den Veränderungen und der Bedarf an Beständigkeit permanent verursachen. Der Hinweis auf die allzu menschlichen Bedingungen der Wandlungsfähigkeit, gar der Wandlungsträgheit ist notwendig, will man die Chancen identifizieren, die dem ökonomischen Strukturwandel beizumessen sind. Kulturell erscheint bedeutsam, dass unsere Gesellschaft durch das Fluchterlebnis vieler Bürger nach dem Zweiten Weltkrieg zur Sesshaftigkeit neigt und nicht wie Zuwanderungsgesellschaften zur Mobilität. Es war der eine große unfreiwillige Neuanfang prägend, nicht die Erfahrung fortlaufenden Neubeginns.

Die erkennbare Ambivalenz des Menschen, einerseits eine bedeutsame Ursache der Veränderung zu sein, andererseits den Wandel nur begrenzt verkraften zu können, ist schon bei Seneca *(De brevitate vitae)* zu finden: »Ihr fürchtet alles, als wäret ihr nur sterblich; ihr begehret alles, als wäret ihr auch unsterblich.« Resultiert die Furcht vor dem Wandel aus der Furcht vor einer als überwältigend wahrgenommenen Fremdbestimmung und eskalierendem Zeitverlust? Ist es nicht das Gefühl der Heutigen, das Leben zerrinne zwischen den Fingern, das die Bewältigung der Veränderung so schwierig erscheinen lässt? Erleben wir die Dekade der Krisen nicht auch als eine Absage an die erzwungene Verschwendung von Lebenszeit? Die gewünschte Stabilisierung muss vor allem in den Regeln und Verfahren liegen, auf die wir uns geeinigt haben. Die Dignität von Regelwerken resultiert aus einer expliziten und verlässlich strukturierten Wertebasis.

*Notwendige Hierarchie der Werte.* Die aktuellen Schwierigkeiten der Volksparteien, Mitglieder zu binden und zu aktivieren, haben erkennbar mit einem normativen Vakuum zu tun. Welche Werte sind bedeutsam, und welche Rangfolge ist dabei prägend? Diese Frage wurde lange vernachlässigt oder mit einem Hinweis der Beliebigkeit beantwortet. Was die CDU-Vorsitzende und Bundeskanzlerin auf den Regionalkonferenzen ihrer Partei im Herbst 2010 an Kritik und Orientierungsmangel zu hören bekam, das ist auch das Echo der eigenen Bekenntnisse. So formulierte die CDU-Vorsitzende in einer Grundsatzrede zur laufenden Programmdiskussion ihrer Partei: »Freiheit, Gerechtigkeit und Solidarität – das sind unsere drei Grundwerte, und für mich gibt es keine Hierarchie unter diesen Grundwerten. Sie bedingen einander.« Doch damit allein kommen wir nicht zurecht.

Unsere Gesellschafts- und Wirtschaftsordnung basiert auf dem Bekenntnis zur Freiheit, freilich einer Freiheit in Verantwortung. Welchen Sinn hätte Gerechtigkeit, wenn sie ohne Freiheit wäre? Welcher Gerechtigkeitsbegriff ließe sich formulieren, wenn er nicht auf dem Grundsatz der Freiheit beruhte? Welche Legitimation erhielte die Forderung nach Solidarität, wenn sie gleichwertig zur Freiheit wäre? Welche Konsequenzen ergäben sich aus dem Grundsatz der Solidarität, wenn er nicht dem Gedanken der Subsidiarität nachfolgte? Die drei Werte bedingen sich, keine Frage, doch die Qualität der Beziehungen kann ohne festen Anker nicht geklärt werden.

Da die Gesellschaft der Freien bei den Freiheitsrechten und der gebotenen Disziplinierung der Freiheit niemanden diskriminiert, setzt sie zugleich darauf, dass alle mitmachen können, die dies auch wollen. Partizipationsgerechtigkeit wird dadurch zwingend zur Norm der Freiheitsgesellschaft. Die faire Chance der Teilhabe fordert zunächst ein effektives Bildungssystem, dazu eine Wettbewerbspolitik zur Sicherung offener Märkte und erst dann eine stets nur kurativ mögliche Sozialpolitik (Hüther, Straubhaar 2009). So strukturiert muss sich auch Solidarität als gesellschaftliche Verantwortung für Partizipationsgerechtigkeit verstehen, und sie muss sich auf angemessene Bildungseinrichtungen beziehen, wo eine öffentliche Finanzierung gefordert ist, wie im frühkindlichen Bereich und bei allgemeinbildenden Schulen. Für die Sozialpolitik besteht unverändert der Anspruch, dass dort Solidarität nur subsidiär zum Zuge kommen darf.

*Die Freiheit für die einen, den Staat für die anderen?* Die Freiheitsgesellschaft ist in ihrer ökonomischen Ausprägung als Marktwirtschaft freilich selbst eine Zumutung. Der Markt fungiert als großer Transformator individueller Wünsche, als hierarchiefreie Koordination der freien Teilnehmer. Der Markt bewirkt bei hoher Wettbewerbseffizienz die Teilung ökonomischer Gewalten, die Begrenzung und Befristung ökonomischer Macht. Für das Verhältnis von Markt und Staat bedeutet dies, dass der Markt grundsätzlich vor dem Staat als Agenten hierarchiegestützter Macht geschützt werden muss. Dagegen lebt die Kritik am Markt von einer erstaunlichen Gläubigkeit an die Kompetenz des Staates. In der sozialdemokratischen Programmdebatte wird gerne der Satz bemüht: »Die Leute, die wir vertreten, brauchen das Machtmonopol des Staates.« Die Freiheit also für die einen, der Staat für die anderen?

Beispiele irreführender staatlicher Kompetenzvermutung lassen sich beliebig finden. Die Gesundheit darf nicht zur Ware werden, auch die Bildung nicht. In diesen und anderen Feldern der Politik hat aber gerade der Markt bisher wenig bis gar keine Steuerungsfunktion. Warum entstehen Ängste vor dem Markt, wo doch das Versagen des Staates offenkundig wurde? Ist es das Urgefühl, dass hier unter der Überschrift Freiheit den guten Sitten übel mitgespielt wird? Und hat sich dies nicht in der Finanzkrise als zutreffend erwiesen? Ja, und dennoch ist es – wie meine Überlegungen zeigten – so einfach nicht. Wer auf den Staat für die Schwachen setzt, der läuft Gefahr, ihnen den gebotenen Respekt zu verwehren. Notwendig ist der starke Staat als Regulierer und Schiedsrichter, als Anbieter öffentlicher Leistungen und als wirksame Versicherung gegen spontane Unordnung für alle. Keiner kann aus seiner Verantwortung für sich selbst und das Gemeinsame entlassen werden. Freiheit und Staat respektive Markt und Staat betreffen im Grundsatz alle gleichermaßen.

*Engpassfaktor Moral.* Ein Dilemma der Freiheitsgesellschaft wird von Ökonomen nur unzureichend oder mit Sprachlosigkeit beantwortet: Wie erreichen wir eine moralische Orientierung und Bindung von Einzelnen oder Gruppen, die eine legale Ausbeutung von gesetzlichen Regeln verhindert? Viele fragen sich, welcher Stellenwert individueller Moral als Handlungsmotiv sowie Vorbildfunktion in einem System zukommt, das die kollektive Moral in Regelwerke umformt, die den Einzelnen entlasten und die Gesamtordnung steuern sollen. Wer macht die guten Spielregeln, und wer fordert von den Spielern darüber hinausgehend tugendhaftes Verhalten? Wer verbindet individuelle Freiheit und Verantwortung so, dass Ausbeutungsstrategien so weit wie möglich eingedämmt werden? Wie viel Tugend ist dafür nötig? Wie viel Gemeinsinn braucht die Gesellschaft?

Viele Beispiele von Ausbeutungsstrategien beziehen sich auf staatlicherseits definierte Handlungsräume. Sie irritieren uns und führen zu moralgeleiteter Kritik und Empörung, weil eine schnelle und glaubwürdige Sanktion regelmäßig nicht zu erwarten ist. Anders als in wettbewerbsintensiven Märkten muss der Gesetzgeber nachsteuern, um das eigentlich Intendierte einzufordern. Kritik und Empörung richten sich gleichzeitig gegen diejenigen, die schlechte Spielregeln zu verantworten haben. Aber auch bei Spielregeln, die der Sache angemessen und widerspruchsfrei sind, gibt es Raum für Falschspieler und Ausbeutungsversuche.

Der Ökonom wirbt für die Einsicht, dass die marktwirtschaftliche Ordnung realistischerweise mit den Menschen auskommen muss, wie sie sind: egoistisch und interessengeleitet. »Kein Mensch«, so der Philosoph Otfried Höffe (2004), »bringt ein Engagement für sein Gemeinwesen von Geburt an mit.« Den dafür notwendigen Lernprozess befördern Lektionen, die niemanden aus seiner Verantwortung entlassen, wenn er aus freiem Willen entschieden hat. Eine freiheitliche Gesellschaft kann als System wiederholter Spiele ohne Gemeinsinn nicht überleben. Sie braucht hinreichend Vertrauenskapital als Wachstumsvoraussetzung. Es geht um informelle Normen aus impliziten Moralübereinkünften und die daraus folgende Verminderung sozialer Distanz.

*Die Verantwortung der Ökonomen.* Immer wieder stoßen wir bei der Analyse der Wirtschaftspolitik und ihrer Bedingungen auf Unklarheiten: die Unklarheit darüber, welche Ziele in welcher Gewichtung mit dem anvisierten Instrument erreicht werden sollen; die Unklarheit darüber, welche systematischen Voraussetzungen ein Konzept haben muss, um erfolgreich zu sein; die Unklarheit darüber, welche Nebenwirkungen und Verflechtungen bei einer bestimmten Maßnahme zu beachten sind. Die oft weitgreifenden und deshalb zunächst unübersichtlich erscheinenden Wirkungszusammenhänge wirtschaftspolitischer Maßnahmen erfordern ein klares ordnungspolitisches Gerüst der Regierenden, das sich aus der Wertentscheidung für die Kompetenz sowie die Freiheit des Individuums ableitet und das einen konsistenten Zugang zu den relevanten Fragen ermöglicht. Hier ist der Ökonom gefordert.

Der Ökonom sollte der Ordnungslogik verpflichtet sein. Sie setzt auf die Fähigkeit offener und komplexer Systeme zur Selbstorganisation. Friedrich August von Hayek (1948) verdanken wir dazu erhellende Analysen. Die Frage, wie bei totaler Zersplitterung der Informationen und ihrer Verteilung auf viele einzelne Akteure eine zufriedenstellende Koordination des einzelwirtschaftlichen Handelns und die Entwicklung wirtschaftlicher Ordnung möglich sein kann, war für ihn »das wirklich zentrale Problem der Wirtschaftswissenschaft als Sozialwissenschaft«. Anknüpfend an Alfred Marshall, der in der Evolutionstheorie von Darwin passende Analogien für das Verständnis ökonomischer Entwicklung sah, gelang so der Ausbruch aus der begrenzten, weil statischen Theorie der Neoklassik, die stark durch die newtonsche Mechanik geprägt war. Die dynamische Sicht sich selbst organisierender Systeme fokussiert die Wirtschaftspolitik auf die Definition der Rahmenbedingungen.

Dieser rationale Optimismus als Kern der ökonomischen Ordnungslogik prägt die Politik nicht, doch wer will der Politik einen Vorwurf machen, wenn selbst die Ökonomen immer weniger ordnungspolitisch argumentieren. Die Arbeit an der Konzeption der marktwirtschaftlichen Ordnung gehört kaum noch zum Lehr- und Forschungskanon der deutschen Fakultäten. Im Lichte US-amerikanischer Entwicklungen erschien vielen vieles davon obsolet. Es ist nicht unähnlich der Entwicklung in der Bankenwelt, die sich dem Dogma des Investmentbanking beugte und verschrieb. Ebenso unkritisch wie unreflektiert wurden und werden in der Ökonomik Trends aus den USA übernommen, überhöht und verengt. Im Mittelpunkt steht die Wahl der richtigen, das heißt mathematisch-formalen Methode und nicht mehr das Streben nach politischer und öffentlicher Relevanz in den Forschungsergebnissen. Man fühlt sich an den Methodenstreit in der Ökonomik von vor 100 Jahren erinnert.

Natürlich gab es erheblichen Innovationsbedarf in der deutschen Volkswirtschaftslehre. Manch ordnungspolitische Position war das Opfer ihrer Immunisierungsstrategie geworden und keinesfalls fruchtbar. Die Stärkung der empirischen Forschung, der Ausbau der mathematisch-formalen Methodenkompetenz, die Weiterentwicklung verhaltensökonomischer Ansätze stehen beispielhaft für die Entwicklungen der letzten Jahrzehnte. Doch rechtfertigt dies nicht, wichtige Theoriestränge einfach aufzugeben. Der Verlust an ordnungspolitischer Reflexion ist jetzt besonders schmerzhaft, weil dadurch die Chance verbaut wird, ohne falsches Moralisieren in einem breiten Diskurs die Ursachen der spontanen und systemischen Unordnung gesamthaft zu werten. Die Ökonomik ist gut beraten, sich als grenzüberschreitende Wissenschaft vom sozialen Handeln des Menschen zu verstehen, die den Austausch mit den anderen Sozialwissenschaften, der Geschichtswissenschaft, der Philosophie und der Psychologie sucht und pflegt.

Ordnungspolitik und die dahinterstehende Ordnungsökonomik bleiben, das hatte ich verschiedentlich angedeutet, von der großen Krise unserer Zeit ebenso wenig unberührt wie die spezifischen Politiksysteme. Die Tragfähigkeit der Ordnungsvorstellungen ist getestet worden. Was bleibt an unverrückbaren Einsichten, deren Nichtbeachtung unvermeidbar negative gesamtwirtschaftliche Folgen hat? Wo liegen die Bedarfe für Neues und Zusätzliches? Was hilft, die wirtschaftliche Dynamik in der längeren Frist zu stabilisieren? Welche Balance im Miteinander von Markt und

Staat ist dafür konsistent? Und: Gelingt es uns, über die Klärung der Selbstverantwortung und der Mitverantwortung eines jeden die Freiheit zukunftsfähig zu disziplinieren?

- Eine bedeutsame Ergänzung des für die marktwirtschaftliche Ordnung zentralen Haftungsprinzips liegt in der Forderung nach Mitverantwortung eines jeden. Erst dadurch wird die Freiheit nachhaltig diszipliniert und langfristig stabilisiert. Der *Verantwortungsdiskurs* in der Ökonomik ist entsprechend zu erweitern, von der notwendigen Selbstverantwortung zur hinreichenden Mitverantwortung. Erst dann gibt es die Möglichkeit, die Definition von Regeln zu integrieren und die Stabilität gesellschaftlicher Strukturen wirksam zu fördern. Die Disziplinierung der Freiheit durch beide Formen der Verantwortung schafft wieder Freiraum für Deregulierung und Privatisierung als Prinzip, was angesichts der Finanzmarktkrise diskreditiert worden war.

- Die konsequente Forderung nach Mitverantwortung eröffnet zwangsläufig einen *Moraldiskurs,* denn so werden die private Sphäre und der öffentliche Raum zweifach verknüpft. Einerseits durch die Haftung für Tun und Unterlassen auf eigene Rechnung, andererseits durch das bewusste Wirken in den öffentlichen Strukturen. Dieses Wirken im öffentlichen Raum ist nicht neutral in Bezug auf die zugrunde liegenden Motive, wie es für das individuelle Handeln auf eigene Rechnung jedoch der Fall ist. Was wir durch Regeln an individueller Moral im täglichen Austausch sparen, das müssen wir aktivieren für die Sicht auf das Gemeinsame. Dabei stellen sich durchaus schwierige Fragen, wie sie im Kontext mit öffentlichem Protest gegen demokratisch beschlossene Projekte angesprochen wurden. Wertvoll ist nicht der Protest schlechthin, sondern der Beitrag zum Interessenausgleich und zur Weiterentwicklung unserer Koordinationssysteme. Davon sind viele Protestler trotz selbstbewusster Moral weit entfernt.

- Bezogen auf die *Finanzmärkte* hat die Ordnungsökonomik – aber nicht minder, wie erläutert, die Neoklassik als Mainstream – erheblichen Erneuerungsbedarf. Der Ordnungsökonomik fehlt eine umfassende Analyse der Finanzmärkte, ihrer Funktion sowie der aus Vernetzung resultierenden systemischen Risiken. Die Notwendigkeit einer Finanzaufsicht mit scharfen Interventionsrechten bis hin zur Zerschlagung (und damit des Eingriffs in das Eigentumsrecht) ist für sich betrachtet ordnungspolitisch heikel und bedarf deshalb einer konsequenten Verknüpfung mit den eingeübten Vorstellungen für die industrielle Arbeitsteilung. Die Forderung nach unabhängiger und wissenschaftlich fundierter Finanzaufsicht hat bislang kaum Unterstützung aus der Ordnungsökonomik erfahren, die politische Untätigkeit in diesem Zusammenhang kann da nicht wundern.

- Auch die Begründung einer prinzipiellen *Krisenkompetenz des Staates* gehört hierher. Die gebotene Umbettung von Keynes aus der Konjunkturpolitik in die Krisenpolitik ist deutlich angesprochen worden. Dies widerspricht gleichwohl der traditionellen Ordnungspolitik, die Krisen in der Regel als vermeidbare Folgen falscher Wirtschaftspolitik deutet. Doch das Phänomen einer spontanen Unordnung, die das Koordinationsversprechen kollektiver Systeme umfassend in Zweifel zieht, resultiert bei weitem nicht nur aus erkannten Fehlern der Politik, sondern aus einem intransparenten Wirkungsgeflecht von Politik, Regulierung, Marktinnovation und legaler Anpassungsleistung der Marktakteure. Nur der Staat kann dann Vertrauen neu begründen, indem er schnell und spürbar fiskalisch handelt.

- Die Krisenkompetenz wird der Staat aber nur glaubhaft machen können, wenn er sein Finanzgebaren auf eine mittelfristig stabile Basis stellt. Die *verfassungsrechtliche Schuldenbremse* ist deshalb bedeutsam. Sie stabilisiert zugleich die Währungsintegration in Europa, wo sich die Stimmen mehren, solche Regeln auch in anderen Ländern zu etablieren. Die Diskussion um die öffentlichen Haushalte wird dabei gelegentlich mit einer Dramatik vorgetragen, als könne es sowieso nicht gelingen. Das Gegenteil ist richtig, wie die Erfahrung der 1980er Jahre zeigt. Es benötigt indes eine Dekade, daran führt realistisch betrachtet kein Weg vorbei. Vor allem aber: Die Erfahrung zeigt, dass Konsolidierung und Wachstumsdynamik kein Widerspruch sind, sondern zusammengehen. Bei normalen zyklischen Schwankungen und strukturwandelbedingten Anpassungen verursachen hohe Staatsdefizite keine beachtlichen Nachfrageeffekte und deren Rückführung keine gesamtwirtschaftliche Belastung – eine erfahrungsgesättigte Einsicht, die von Keynesianern aus Gründen des Selbstschutzes einfach ignoriert wird. An der verfassungsrechtlichen Schuldenbremse darf nicht gerüttelt werden, und die Länder sind gut beraten, ihren Verfassungen ohne Wenn und Aber eine entsprechende Regel hinzuzufügen.

- Die Schuldenbremse erlangt nicht nur bei der Neumandatierung der nationalen Finanzpolitik eine herausragende Rolle, sie gewinnt diese auch in der *Europäischen Währungsunion.* Denn die Zukunft des Euro hängt an der Bereitschaft, Finanzpolitik und Geldpolitik zu objektivieren und aus dem gewöhnlichen Verteilungsstreit herauszunehmen. Würden alle Euroländer eine Schuldenbremse nach deutschem oder Schweizer Vorbild installieren, wäre die notwendige Koordinierung durch sanktionsbewehrte Regeln abgesichert. Dann ist die Geldpolitik unverändert gut aufgehoben in der Tradition der Bundesbank.

Ein Krisensystem mit Gläubigerbeteiligung, wie es im Grundsatz beschlossen wurde, erweist sich angesichts der gemachten Erfahrungen mit Abweichungen vom Pfad der Tugend als unvermeidbar. Es muss gelingen, sowohl die Freiheit der Märkte als auch die Freiheit der nationalen Finanzpolitik effektiv zu disziplinieren.

- Diese Muster für eine Politik in der Normalität sollten so viel Kapazitäten und Energie freisetzen, dass die Wachstumsfragen angemessen behandelt werden können, die sich aus dem *demografischen Wandel* – der Alterung und Schrumpfung unserer Bevölkerung – ergeben. Das war in diesem Buch nicht mein Thema, obgleich es bei Wachstum, Arbeit und Bildung immer mitgedacht war. Der demografische Wandel verlangt nach einem spezifischen Diskurs über die Verantwortung des Einzelnen im langen Leben. Freiheit und Freiheitsbefähigung gewinnen in dieser Perspektive eine zusätzliche Bedeutung, denn als verlässlich gesellschaftlich abgesicherte Konzepte lassen sie im langen Leben niemanden aus der Verantwortung. Das aber ist ein ganz anderes Thema (Sachverständigenkommission für den 6. Altenbericht, 2010).

- Die Neudefinition der Finanzpolitik infolge der Krise, das heißt ihr Abschied von der Konjunkturpolitik und die bewusste Revision der Staatstätigkeit durch den Test auf Privatisierbarkeit, eröffnet neue Räume für die Mitverantwortung des einzelnen Bürgers/der einzelnen Bürgerin und von Organisationen wie Unternehmen. *Bürgerschaftliches Engagement* wird als Teil der Neubalancierung von Staat und Markt eine größere Bedeutung erlangen. Die Reife demokratischer Gesellschaften sollte sich in der bewussten Würdigung und Förderung solchen Engagements für den öffentlichen Raum, für das Gemeinsame zeigen. Es entspricht der Dynamik offener Gesellschaften, dass sie gerade auch über diesen Weg ihre Weiterentwicklung betreiben: durch den Test neuer Formen der Leistungserstellung und neuer Wege der Regelbildung wie der Konsensfindung. Vorausgesetzt ist aber ein klares Verständnis darüber, was die Ordnungs- und Leistungsaufgaben des Staates sind. Ein überforderter und damit unvermeidbar schwacher Staat ist kein gutes Muster für die Profilierung bürgerschaftlichen Engagements als Ausdruck disziplinierter Freiheit.

Zu guter Letzt lautet die Botschaft, dass wir trotz allem, was zu beklagen ist, gerade nach der zu Ende gegangenen Dekade viel Anlass zur Zuversicht haben. Gewaltige Belastungen waren zu verkraften und wurden verkraftet. Die praktische Vernunft hat oft weiter getragen, als es einfache Wahrheiten erwarten ließen. Gründe für eine apodiktische Absage an unser Wirtschaftsmodell haben sich nicht ergeben. Es ist auch nicht das Ende der Welt, noch nicht einmal das des Kapitalismus ausgerufen worden. Die Bedeutung der langen Pfade hat sich in diesen Jahren erneut gezeigt; sie bestätigt jenen eingangs intonierten »rationalen Optimismus« (Ridley 2010). Doch es gilt die Feststellung, dass wir angesichts der vielen freiwilligen wie erzwungenen Änderungen die Frage nach dem gewollten Gesellschaftsmodell nicht so einfach ignorieren können. Welche Disziplinierung der Freiheit wollen wir? Ist das hier angebotene Prinzip aus Selbstverantwortung und Mitverantwortung tragfähig? Akzeptieren wir die Normalität als Herausforderung? Darüber müssen wir streiten. Und dazu brauchen wir ein Bewusstsein gerade auch bei den Funktionseliten unseres Landes, ohne deren Mitverantwortung dieser Diskurs nicht gelingen kann.

# Literatur

W. Abel (1986): *Massenarmut und Hungerkrisen im vorindustriellen Europa. Versuch einer Synopsis.* 3. Aufl., Hamburg – Berlin.

H. Blumenberg (1998): *Begriffe in Geschichten.* Frankfurt a. M.

F. Böhm (1937): *Die Ordnung der Wirtschaft als geschichtliche Aufgabe und rechtsschöpferische Leistung.* Stuttgart.

E. von Böhm-Bawerk (1889): »Positive Theorie des Kapitals«, in: *Kapital und Kapitalzins.* Zweite Abtheilung, 1. Band. Innsbruck.

Bundesministerium für Wirtschaft und Technologie, Bundesministerium für Umwelt, Naturschutz und Reaktorsicherheit (2010): *Energiekonzept für eine umweltschonende, zuverlässige und bezahlbare Energieversorgung* (28.9.2010).

Bundesministerium für Umwelt, Naturschutz und Reaktorsicherheit (2008): *Ökologische Industriepolitik. Nachhaltige Politik für Innovation, Wachstum und Beschäftigung.* Berlin.

B. Busch, M. Jäger, J. Matthes (2010): *Wirtschaftskrise und Staatsbankrott. Sind auch die Industrieländer bedroht?.* Köln.

Deutsche Bundesbank (2010): *Zur Problematik makroökonomischer Ungleichgewichte im Euro-Raum.* Monatsbericht Juli 2010.

L. Erhardt (1957): *Wohlstand für Alle.* 8. Auflage, 1964.

W. Eucken (1952): *Grundsätze der Wirtschaftspolitik.* Bern – Tübingen.

European Central Bank (2010): *Enhancing Monetary Analysis* (Eds. L. Papademos, J. Stark). Frankfurt a. M.

Financial Crisis Inquiry Commission (2011): *The Financial Crisis Inquiry Report.* Washington D. C.

W. Frühwald (2008): *Die Autorität des Zweifels. Verantwortung, Messzahlen und Qualitätsurteile in der Wissenschaft.* Göttingen.

R. Gernhardt (2006): *Später Spagat.* Frankfurt a. M.

A. Greenspan (2007): *The Age of Turbulence. Adventures in a New World* (dt.: Mein Leben für die Wirtschaft). Frankfurt / New York.

B. Greiner, A. Ockenfels (2009): »Vom Labor ins Feld: Die Ökonomik des Vertrauens«, in: *Kölner Zeitschrift für Soziologie und Sozialpsychologie* 2009, Sonderheft 49.

T. Hartmann-Wendels, M. Hellwig, M. Jäger (2009): *Arbeitsweise der Bankenaufsicht vor dem Hintergrund der Finanzmarktkrise.* Köln.

F. A. von Hayek (1948): »Die Verwertung des Wissens in der Gesellschaft«, in: ders.: *Individualismus und wirtschaftliche Ordnung.* 2. Aufl., Salzburg 1976.

M. Hüther, M. Grömling, M. Jäger, R. Kroker (2009): *Deutschland nach der Krise: Aufbruch oder Depression? Wirtschaftshistorische Betrachtungen und wirtschaftspolitische Leitlinien.* Köln.

M. Hüther, T. Straubhaar (2009): *Die gefühlte Ungerechtigkeit. Warum wir Ungleichheit aushalten müssen, wenn wir Freiheit wollen.* Berlin.

O. Höffe (2004): *Wirtschaftsbürger, Staatsbürger, Weltbürger: Politische Ethik im Zeitalter der Globalisierung.* München.

ING Financial Markets Research (2010): *EMU Break-up. Quantifying the Unthinkable.* Amsterdam 7. Juli 2010.

J. M. Keynes (1936): *The General Theory of Employment, Interest and Money.* London.

M. Klein, S. Schindler, R. Pollak, W. Müller (2010): »Soziale Disparitäten in der Sekundarstufe und ihre langfristige Entwicklung«, in: *Zeitschrift für Erziehungswissenschaft,* Bd. 12.

O. Lange (1936/1937): »On the Economic Theory of Socialism«, in: *Review of Economic Studies,* Vol. 4, Issue 1 + 2.

O. Marquard (1986): *Apologie des Zufälligen. Philosophische Studien.* Stuttgart.

O. Marquard (2000): *Philosophie des Stattdessen.* Studien. Stuttgart.

L. von Mises (1922): *Die Gemeinwirtschaft: Untersuchungen über den Sozialismus.* Jena.

Monopolkommission (2004): Hauptgutachten XV (2002/2003): *Wettbewerbspolitik im Schatten »Nationaler Champions«.*

H. Münkler (2009): *Die Deutschen und ihre Mythen.* Berlin.

D. Neumark, W. Washer (2008): *Minimum Wages.* MIT Press. Cambridge, MA.

K.-H. Paqué (2010): *Wachstum! Die Zukunft des globalen Kapitalismus.* München.

H. Plessner (1935): *Die verspätete Nation. Über die politische Verführbarkeit bürgerlichen Geistes.* Stuttgart u. a. 1959.

W. Plumpe (2010): *Wirtschaftskrisen. Geschichte und Gegenwart.* München.

J. Rawls (1979): *Eine Theorie der Gerechtigkeit.* Frankfurt a. M.

M. Ridley (2010): *The Rational Optimist. How Prosperity Evolves.* London.

W. Röpke (1961): *Jenseits von Angebot und Nachfrage.* Zürich.

A. Rüstow (1932): »Freie Wirtschaft – freier Staat. Die staatspolitischen Voraussetzungen des wirtschaftlichen Liberalismus«, in: ders.: *Rede und Antwort.* Ludwigsburg.

Sachverständigenkommission für den 6. Altenbericht (2010): *Sechster Bericht zur Lage der älteren Generation in Deutschland. Altersbilder in der Gesellschaft.* Berlin.

Sachverständigenrat zur Begutachtung der gesamtwirtschaftlichen Entwicklung, div. Jahresgutachten.

Sachverständigenrat zur Begutachtung der gesamtwirtschaftlichen Entwicklung (2010): *Wirtschaftsleistung und Nachhaltigkeit. Ein umfassendes Indikatorensystem.* Im Auftrag des Deutsch-Französischen Ministerrates erstellte Expertise. Veröffentlicht am 10.12.2010.

R. Sennett (2004): *Respekt im Zeitalter der Ungleichheit.* Berlin.

A. Smith (1759): *Theorie der ethischen Gefühle.* Hrsg. von W. Eckstein, Hamburg 2004.

C. Spengel et al. (2009): *Steuerliche Förderung von Forschung und Entwicklung (FuE) in Deutschland. Ökonomische Begründung. Handlungsbedarf und Reformbedarf.* Heidelberg.

K. Tucholsky (1930): »Danach«, in: ders.: *Zwischen Gestern und Morgen.* Hamburg 1952.

## Quellenangabe

Robert Gernhardt: »Von Spiel zu Spiel«. Aus: ders.: *Später Spagat.*

Joyce Appleby

## Die unbarmherzige Revolution

Eine Geschichte des Kapitalismus

600 Seiten, ISBN 978-3-86774-135-4

In ihrer großen *Geschichte des Kapitalismus* erzählt Joyce Appleby die Geschichte unseres Wirtschaftssystems: von den großen Entdeckungen der Portugiesen, vom Sklavenhandel über die industrielle Revolution bis zur Globalisierung der Gegenwart, und beschreibt schließlich unsere ökonomische und auch kulturelle Identität, die so sehr vom Kapitalismus geprägt ist. Messerscharf seziert sie die guten und die schlechten Seiten des Kapitalismus. Heute hat der Kapitalismus anscheinend gesiegt und unser aller Leben bis in die Verästelungen des Alltags durchdrungen.

Appleby sieht genau hin: Was veränderte sich durch den Kapitalismus? Was waren seine Voraussetzungen? Welche seiner Errungenschaften haben uns bereichert, und welche Schattenseiten hat er auf dem Gewissen? Und was hat all dies mit den Menschen gemacht?

Diese großen Fragen beantwortet die amerikanische Historikerin und macht in ihrem Buch neugierig auf das System, das uns allen so bekannt scheint. Eine mitreißende Lektüre für alle, die von der »unbarmherzigen Revolution« profitieren oder an ihr verzweifeln.

MURMANN

Kersting, Wolfgang

## Verteidigung des Liberalismus

240 Seiten, ISBN 978-3-86774-073-9

»Die Geld-Schöpfung muss der Natur-Schöpfung untergeordnet werden. Nur dann kann es gelingen, die ökonomisch-ökologische Synthese herzustellen, die wir suchen.«

Wie bringen wir wirtschaftliche Freiheit und sozialen Ausgleich zusammen? Wie lauten die Leitsätze gesellschaftlichen und marktwirtschaftlichen Handelns? Wer den ideengeschichtlichen und argumentativen Unterbau für die Beantwortung dieser Fragen sucht, wird in diesem grundlegenden Essay des Philosophen Wolfgang Kersting fündig.

Kersting macht deutlich, dass der ökonomische Liberalismus, der die Vorzüge der Konkurrenzwirtschaft, die individuellen Freiheitsgewinne und die Verbesserung der Lebensqualität preist, durch den politischen Liberalismus diszipliniert werden muss. Rechtsstaat und Verfassung, Demokratie und Bürgergesellschaft sorgen dafür, dass Freihandel und Gewinnstreben in geordneten Bahnen verlaufen, Grundrechte geschützt werden und die Mitsprache der Bürger gewährleistet ist. Aus Kerstings Sicht fußt die liberale Vernunft auf zweckrationalen Präferenzen, moralischen Orientierungen und der Fähigkeit zur öffentlichen Artikulation von Bedürfnissen und Meinungen. Sie erfordert nicht nur politische Regelsetzungen, sondern ebenso eine ethisch geprägte Hintergrundkultur und die Beteiligung an Prozessen der kollektiven Willensbildung.